Jörg Lohrer, Rainer Oberländer, Jörg Wiedmayer (Hg.)

SINN GESUCHT GOTT ERFAHREN 2

Erlebnispädagogik im christlichen Kontext

buch+musik

Impressum
Herausgegeben vom Fachausschuss Erlebnispädagogik
im Evangelischen Jugendwerk in Württemberg (ejw)
1. Auflage 2012
buch + musik, ejw-service gmbh, Stuttgart

ISBN 978-3-86687-068-0 buch + musik, ejw-service gmbh

Gestaltung: AlberDESIGN. Filderstadt
Druck: fgb Freiburger Grafische Betriebe

Inhalt

Inhalt

DRAUSSEN

TAGESAKTIONEN

Ein Praxisbuch zur Verbindung von Erlebnispädagogik und christlichen Glaubensinhalten wird hier vorgelegt. Nach einem ersten Band zum Thema Erlebnispädagogik unter dem Titel „Sinn gesucht – Gott erfahren“[1], in dem die theoretischen Grundlagen von Erlebnispädagogik im christlichen Kontext im Mittelpunkt standen, soll nun der Schwerpunkt auf praktischen Übungen und konkreten Ideen liegen.[2] Viele Mitarbeitende in der Jugendarbeit, ob ehrenamtlich oder hauptamtlich, haben in den letzten Jahren die Chancen und Möglichkeiten der Erlebnispädagogik in der evangelischen Jugendarbeit entdeckt.

Auf Hand und Fuß folgen Kopf und Herz

Trotz anderslautender pädagogischer Erkenntnisse müssen Kinder und Jugendliche zum allergrößten Teil „mit dem Kopf“ lernen. Auch in der Jugendarbeit fällt es vielen Mitarbeitenden leichter, auf die bewährten kognitiven Lernformen zurückzugreifen, wenn es darum geht, Gruppenstunden in Jungscharen und Jugendkreisen zu gestalten. Erlebnispädagogische Ansätze eröffnen hier einen anderen Zugang. Sie beginnen mit einer Erfahrung, die mit Händen und Füßen erlebt werden kann und erst danach mit Kopf und Herz reflektiert wird. Die hier zusammengestellten Ideen und Übungen sollen denen eine Hilfe sein, die erlebnispädagogische Elemente in ihre pädagogische Arbeit mit Kindern und Jugendlichen integrieren möchten.

Ganzheitliche Verkündigung des Evangeliums

Der besondere Auftrag der evangelischen Jugendarbeit liegt darin, jungen Menschen in ihrer Lebenswelt das Evangelium von Jesus Christus zu bezeugen. Auch die Verkündigung des Evangeliums leidet oft daran, dass sie zuallererst kognitiv ansetzt. Worte müssen gehört und verstanden werden, Texte müssen gelesen und erfasst werden. Erlebnispädagogische Ansätze bieten auch für die Verkündigung des Evangeliums andere Zugänge. Ein Bibeltext oder eine biblische Geschichte können von einer bestimmten Erfahrung her entdeckt werden. Urworte des Lebens und des Glaubens wie Angst und Vertrauen, Gerechtigkeit und Verantwortung, Zweifel und Hoffnung können durch ein erlebnispädagogisches Setting erschlossen und dann mit Hilfe von Bibeltexten vertiefend gedeutet werden. Damit evangelische Jugendarbeit ihrem Auftrag nachkommen kann, braucht es eine Vielfalt von Methoden und Formen, um das Evangelium so zu bezeugen, dass junge Menschen es hören und verstehen können.

[1] Arbeitskreis Erlebnispädagogik im Evangelischen Jugendwerk in Württemberg:
Sinn gesucht – Gott erfahren. Erlebnispädagogik im christlichen Kontext. 2. Auflage, Stuttgart; buch + musik, 2010

[2] Gleichwohl ist es notwendig, die theologische und pädagogische Reflexion der Erlebnispädagogik in der Jugendarbeit weiter voranzubringen. Vgl. Viktoria Pum, Manfred L. Pirner, Jörg Lohrer (Hrsg.): Erlebnispädagogik im christlichen Kontext, Bad Boll 2011

Kritische Fragen

Gerade weil die christliche Erlebnispädagogik auf Erlebnisse und Erfahrungen aufbaut, steht sie in besonderem Maß in der Gefahr, manipulativ zu wirken und für fremde Zwecke instrumentalisiert zu werden. Die Geschichte der evangelischen Jugendarbeit zeigt, wie schnell erlebnisorientierte Methoden der Jugendarbeit z. B. Zeltlager und Lagerfeuer, Wimpel und gemeinsame Lieder durch eine menschenverachtende Ideologie missbraucht werden können. Deshalb muss sich jeder, der Elemente der christlichen Erlebnispädagogik einsetzt, um seiner selbst willen kritischen Fragen stellen, diese reflektieren und Antworten darauf finden.

- Ist für jeden in der Gruppe das Prinzip der Freiwilligkeit gewahrt?
- Wird durch diese Übung jemand vereinnahmt oder zu etwas gedrängt?
- Sind die Deutungen, die vom christlichen Glauben her angeboten werden, als freies Angebot formuliert?
- Gibt es im Rahmen der Jugendarbeit, ergänzend zu den erlebnispädagogischen Angeboten, weitere Möglichkeiten, mehr über den christlichen Glauben zu erfahren und die Erfahrungen in einen größeren Kontext einzubetten?

Ideen ausprobieren und weiterentwickeln

Das Besondere dieses Praxisbuches liegt darin, dass es in einem Kreativ-Workshop gemeinsam entwickelt wurde. Die Mitglieder des Fachausschusses Erlebnispädagogik im Evangelischen Jugendwerk in Württemberg (ejw) und andere begeisterte Fachleute aus dem Bereich der Erlebnis- und Religionspädagogik haben sich zusammengefunden, um praxistaugliche Übungen zu entwerfen, auszuprobieren, zu reflektieren und die Besten davon dann auch zu Papier zu bringen. Ich danke allen, die ihre Leidenschaft, ihr Wissen und ihre Erfahrung dafür eingesetzt haben, dass dieses Praxisbuch entsteht. Ein besonderer Dank gilt Jörg Lohrer, Rainer Oberländer, Uwe Roth und Jörg Wiedmayer, die mit viel Hartnäckigkeit und Energie dafür gesorgt haben, dass die guten Ideen des Workshops sich dann auch in einem Buch wiederfinden.

Ich wünsche mir, dass dieses Praxisbuch bei den Leserinnen und Lesern einen ähnlichen kreativen Prozess auslöst wie bei den Autorinnen und Autoren. Dass Ideen aufgegriffen, ausprobiert und weiterentwickelt werden. Vielleicht könnte das sogar so weit führen, dass mit Kindern, Jugendlichen und Erwachsenen neue Übungen entwickelt werden und diese dann in einem dritten Praxisband zusammengestellt werden.

Gottfried Heinzmann | Leiter des ejw

Wie kam es zu diesem Buch?

Im April 2010 kam es in einem Freizeithaus nahe dem schwäbischen Nußdorf zu einer Fortbildung der besonderen Art: Eingeladen hatte das Evangelische Jugendwerk in Württemberg (ejw) zu einem Workshop-Wochenende „Erlebnispädagogik im christlichen Kontext". Besonders war die Fortbildung deshalb, da sich sowohl die Leitung, als auch die Teilnehmenden auf das Experiment eingelassen haben, von Anfang an miteinander kreativ zu werden. Es gab keine vorbereiteten Seminare und festgelegten Lerneinheiten, sondern einfach eine Fülle an erlebnispädagogischen Materialien und Ideen. Die gemeinsame Aufgabe für alle war nun, handlungsorientierte, religionspädagogische Aufgaben zu erstellen und diese miteinander umzusetzen, zu erproben und zu dokumentieren. Auf diesem Weg sammelten die Teilnehmenden eine Fülle an Ideen, die im darauf folgenden Jahr weiter ausgearbeitet, ergänzt und nun in diesem Praxisbuch zusammengefasst wurden. Das vorliegende Buch versteht sich als weitere Grundlage auf dem Weg, die Fülle erlebnispädaogischer Methoden und Ansätze in der christlichen Bildungsarbeit weiterzuentwickeln. Die Übungen sollen und dürfen natürlich modifiziert oder ganz anders eingesetzt werden. Darauf haben sich die Autoren eingelassen und dazu laden wir auch die Lesenden ein.

Wer hat dieses Buch geschrieben?

Wir sind ambitionierte A(ni)mateure, bibelbegeisterte Bauarbeiter, experimentelle Erfinder, kreative Köpfe und passionierte Pädagogen. Kurzum, beteiligen durften sich alle, die bereit waren, sich mit ihren fachlichen Qualifikationen einzubringen. Das sind zum einen die Mitglieder des Fachausschusses Erlebnispädagogik im ejw, die Workshop-Teilnehmenden des besagten Workshop in Nußdorf und darüber hinaus einige Professionals, die schon seit einiger Zeit im Schnittfeld Erlebnis- und Religionspädagogik unterwegs sind. Uns alle eint die Begeisterung für eine „Erlebnispädagogik im christlichen Kontext".

An wen richtet sich dieses Buch?

In unserem ersten Buch „Sinn gesucht – Gott erfahren" haben wir eine Theoriegrundlage erarbeitet und veröffentlicht. Dieser Band richtet sich in erster Linie an Praktiker im weiten Feld der Erlebnispädagogik. Uns ist es ein Anliegen, sowohl den unbedarften Laien mit hinein zu nehmen in das Experiment „Erlebnispädagogik und Glaube", als auch dem religionspädagogisch Versierten neue Impulse für die eigene Arbeit zu geben. Wir hoffen, dass dies gelungen ist und wünschen bei der Lektüre – und erst recht bei der Durchführung zahlreiche Aha-Erlebnisse. Über Rückmeldungen und neue Ideen würden wir uns ganz besonders freuen!

Für manche Aufgaben empfiehlt sich eine entsprechende Qualifikation, andere können auch ohne Vorkenntnisse einfach ausprobiert werden. Spezielle Kompetenzen, die für Übungen wichtig sind, werden auf den nachfolgenden Seiten beschrieben.

Was kann dieses Buch leisten?

Um etwas über Religion in Erfahrung zu bringen, sollte man Religion zur Erfahrung bringen. Denn, was dieses Buch nicht leisten kann, ist, durch reine Lektüre religiöse Erfahrungen vermitteln. Es muss ausprobiert werden, man muss die Übungen machen.

Das ist zumindest die Meinung des Autorenteams. Wir reflektieren an vielen Stellen über die Erlebnisse, die in den Übungen gemacht werden, um die Beteiligten in der Reflexion ihrer Erfahrungen zu unterstützen. Was jede und jeder für sich dabei erlebt, und wie das jede und jeder für sich selbst einordnet, wird nur erfahrbar, wenn man etwas auch ausprobiert und tut.
Erlebnispädagogik im christlichen Kontext bedeutet für uns das, was Dietrich Bonhoeffer meint, wenn er sagt, dass alleine in der Tat die Freiheit ist:

„Nicht das Beliebige, sondern das Rechte tun und wagen,
nicht im Möglichen schweben; das Wirkliche tapfer ergreifen,
nicht in der Flucht der Gedanken, allein in der Tat ist die Freiheit.
Tritt aus ängstlichem Zögern heraus in den Sturm des Geschehens,
nur von Gottes Gebot und deinem Glauben getragen,
und die Freiheit wird deinen Geist jauchzend umfangen."

(Quelle: Dietrich Bonhoeffer: Widerstand und Ergebung © 1998,
Gütersloher Verlagshaus, Gütersloh, in der Verlagsgruppe Random House GmbH)

Was wir selbst nicht leisten können, erhoffen wir uns für unsere Leserschaft: Wirkliche Begegnungen mit dem lebendigen Gott!

Jörg Lohrer

Worum geht es in dem Buch?

Im ersten Band „Sinn gesucht – Gott erfahren“ ging es darum, eine Systematik zu finden, mit deren Hilfe die verschiedensten Ziele erlebnispädagogischen Handelns unterschieden werden können. Dabei wurde der Begriff der „drei Dimensionen" eingeführt. Diese „Dimensionen" oder auch „Ebenen" erlebnispädagogischen Handelns sind qualitativ gleichwertig, inhaltlich jedoch sehr unterschiedlich.
In der Praxis werden oft auch Inhalte (Lernimpulse) auf verschiedenen Ebenen angesprochen. Dies geschieht immer bewusst, da unterschiedliche Ebenen auch sehr unterschiedliche Themen ansprechen. Dies wiederum bedingt einen Wechsel der Methoden.
Im Folgenden werden die drei Dimensionen nochmals kurz dargestellt.
(Ausführlicheres dazu in „Sinn gesucht – Gott erfahren“, Band 1, S.34 ff.)

Die erste Dimension ist die Dimension der menschlichen und zwischenmenschlichen Erfahrung. Es geht dabei zum einen um das konkrete Verhalten und Empfinden der Teilnehmenden: Wie habe ich mich verhalten? Hat mein Verhalten zur Lösung des Problems oder der Aufgabe beigetragen? Wo liegen meine Stärken und Potenziale? Wie kann ich in Bezug zur Aufgabe meine Möglichkeiten optimal nutzen?
Der zweite Schwerpunkt liegt auf der Frage nach dem Miteinander: Wie arbeiten wir als Gruppe am besten zusammen? Was macht die Qualität unserer Gemeinschaft aus? Dies ist der Bereich des klassischen Teamtrainings. Wenn die Gruppe sich untereinander besser kennt, können die Gaben und Fähigkeiten, die in der Gruppe vorhanden sind, effektiver eingesetzt werden. Lernziele für die Teilnehmenden in dieser Dimension sind u. a. Selbst- und Mitbestimmung. Sie lernen, selbst Entscheidungen zu treffen und sich nicht nur von anderen steuern zu lassen.

Die zweite Dimension ist die Dimension der spirituellen Erfahrung. Sie geht über die Dimension der Begegnung mit uns selbst bzw. über die Begegnung mit anderen hinaus. Sie lässt uns über unseren Tellerrand der konkreten Welt, des konkreten Handelns und Empfindens in eine Welt schauen, die wir so nicht unmittelbar begreifen können. Es geht dabei um die tiefsten inneren Fragen unseres Mensch-Seins. Fragen, denen wir im Alltag oft aus dem Weg gehen. Manchmal entsteht bei den Teilnehmenden durch eine erlebnispädagogische Aktion eine echte „Betroffenheit". Dies ermöglicht dann eine ernsthafte Auseinandersetzung mit diesen Fragen: Was sind die grundlegenden Werte meines Handelns? Wofür lebe ich? Auf was kann ich mich letztlich verlassen? Wo bin ich angenommen und aufgehoben? Gibt es einen Gott? Was hat dieser Gott mit mir zu tun?

Diese und andere Fragen gehen über das Hier und Jetzt hinaus, bilden aber die Grundlage all meines bewussten oder unbewussten Handelns. Diese Fragen und die daraus gezogenen Schlüsse bilden das Fundament meines Lebens. Deshalb ist es sehr wichtig, sich der Bedeutung solcher Erfahrungen bewusst zu sein. Wenn es uns gelingt, bei den Teilnehmenden durch eine Übung eine spirituelle Erfahrung zu ermöglichen, können wir sie aus den Fragen des Hier und Jetzt zu den „ewigen Fragen" (z. B.: Wo komme ich her?) führen (s. o.). Und eine solche „ewige Frage" ist persönlich dann auch wirklich wichtig. Damit haben wir etwas sehr Wichtiges erreicht: durch den Rahmen unserer erlebnispädagogischen Aktion ist im Teilnehmenden eine Fragehaltung entstanden, die vielleicht vorher so noch nicht da war. In dieser „echten" Fragehaltung kann dann ein Diskurs über mögliche Antworten folgen. Wir als Christen haben Antworten auf viele dieser Fragen. Es gibt aber auch noch andere mögliche Antworten, wenn wir eine andere Perspektive einnehmen. Gott liebt uns, egal was wir tun. Genau so bedingungslos liebevoll müssen wir diesen Diskurs führen.

Es kommt nicht in erster Linie auf unsere Antworten an, sondern darauf, dass wir sie in Freiheit und Liebe anbieten, genau wie Gott es mit uns getan hat. Das Besondere ist dann, dass der Mensch, dem wir diese Antworten anbieten, auch eine echte passende Frage dazu hat. Wie oft geben wir anderen Menschen als Christen Antworten auf Fragen, die sie zu diesem Zeitpunkt gar nicht gestellt haben. Wie oft kommt es dadurch zu Missverständnissen und Frustration auf beiden Seiten. Hier kann die Erlebnispädagogik, die ihr Ziel in der zweiten Dimension, in der Dimension der spirituellen Erfahrung sieht, einen wichtigen Beitrag zu einem wirklichen Diskurs leisten, indem sie den Menschen genau diese wichtigen Fragen ans Herz legt.

Die Dimension der christlichen Glaubenserfahrung ist die dritte Ebene, auf der wir uns bewegen können. Hier geht es darum, aus unserer christlichen Sicht Antworten auf Glaubens- und Sinnfragen der Teilnehmenden zu geben.

Sie baut in gewisser Weise auf der spirituellen Erfahrung auf: nur wenn man auch eine spirituelle Anfrage hat, ist man an einer spirituellen Antwort interessiert. Unsere Antworten als Christen sind für uns stichhaltig und beruhen auf unserem Glauben an Jesus Christus. Es gilt, diese Antworten als liebevolle Einladung zu formulieren, klar und mit voller Überzeugung, aber ohne deshalb andere Überzeugungen – etwa aus Angst oder Unsicherheit – verurteilen zu müssen.

Kann ich eine Glaubenserfahrung beim Teilnehmenden überhaupt initiieren? Ich denke, zum Glück nein, da dies einzig und allein in Gottes Hand liegt und wir sonst in einen aberwitzigen Leistungsdruck verfallen könnten, um so viele Gotteserfahrungen wie möglich zu erzeugen. Aber wir können Erfahrungen anbieten, die es in Kombination mit unserer Reflexion den Teilnehmenden ermöglicht,

Glaubenserfahrungen anderer (z. B. der Jünger Jesu), leichter nachzuvollziehen. So können Teilnehmende ihren eigenen Glaubensstandpunkt verändern oder verlassen, um ihren persönlichen Glauben weiter zu entwickeln.

Dieser Transfer der Erfahrung auf mein persönliches Glaubensleben muss auch nicht zwangsläufig während unserer erlebnispädagogischen Aktion, er kann oft auch erst viel später „im stillen Kämmerlein“ beim Verarbeiten des Erlebten oder beim konkreten Tun, stattfinden. Hier ist noch genügend Raum für den Geist Gottes.

Eine mögliche Methode

Spannend ist aber auch, welche Glaubensfragen für die Teilnehmenden „dran“ sind. Menschen machen durch ein bestimmtes Erlebnis ganz unterschiedliche Erfahrungen. Die Fragen beziehen sich ja auf die Erfahrungen aus unserer Aktion. Da alle andere Vorerfahrungen in ihrem Leben gemacht haben, bewerten sie die gleichen Erfahrungen oft völlig anders als andere Teilnehmenden in derselben Situation. Das ist eine Herausforderung – aber zum Glück eine lösbare, indem man von der offenen hin zur geschlossenen Frage reflektiert. Indem ich den Teilnehmenden zuerst den Raum gebe, allgemein über ihre Erfahrungen und Gefühle bei der Aktion zu reden, kann man jeden mit seinem Erleben genau da abholen, wo er steht. Die Gruppe bekommt somit eine Vorstellung der unterschiedlichen Erfahrungen. Nun kann der Einzelne entscheiden, ob die Erfahrungen der anderen für ihn auch von Bedeutung sind. Man bekommt einen ganzen Pool an Wahrnehmungen. Nun kann man die Fragestellung fast schließen.
Zum Beispiel:

- „Wie ging es dir?" (Ganz offen),
- „Was hat das mit deinem Glauben zu tun?"
  (Geschlossener, schon auf den Glauben allgemein bezogen.) Bis hin zu:
- „Welche Art von Vertrauen/Gnade/Liebe wünscht sich Gott für uns?"
  (Geschlossen, auf ein konkretes Glaubensthema hin.)

Dieser methodische Ansatz lässt allen Teilnehmenden den Raum, sich da einzubringen, wo sie es können und wollen. Es schafft gleichzeitig den Raum für jeden Einzelnen, viel Neues wahrzunehmen. Der Ansatz führt durch seine Konzentration am Ende zu einer möglichen Deutung hin. Hier stecken Chancen für eine intensive und gute Arbeit mit den Menschen, die uns in unseren Gruppen und Kreisen anvertraut sind. Aber gleichzeitig sollte uns auch bewusst sein, welche Verantwortung wir für diese Menschen haben. Wir fördern sie und helfen ihnen, sich so zu entwickeln, damit sie selbst entscheiden, was für sie der richtige Weg im Leben und Glauben ist. Nur wenn wir diese Einladung so offen leben, leben wir sie im Sinne von Gottes Liebe.

Uwe Roth

Welche Kompetenzen sollte der Anleitende mitbringen?

Im Folgenden werden die pädagogischen und theologischen Aspekte der Leitungskompetenz dargestellt. (Ausführliches dazu in: Sinn gesucht – Gott erfahren, Band 1, S. 43–47.)

Pädagogische Aspekte

Leitende brauchen pädagogische Kenntnisse, deren „Umfang und Intensität davon abhängen, mit welchem Personenkreis gearbeitet wird. Je schwieriger das Klientel, umso qualifizierter die Ausbildung."
(Heckmair; Michl: Erleben und Lernen, S. 228)

1. Wissen um die Besonderheiten der Gruppe

Leitende sollen die Aufgaben und Aktionen den Möglichkeiten und Bedürfnissen der Gruppe anpassen. Wenn gestellte Aufgaben die Gruppe entweder unter- oder überfordern, entsteht schnell ein Gefühl der Lustlosigkeit. Daher ist es hilfreich, die Fähigkeiten der Teilnehmenden zu kennen und zu wissen, welche Gruppenprozesse aktuell laufen oder welche Methoden der Auswertung passend sind.

2. Bedeutung der Motivation

Leitende sollen wissen, wie man die Gruppe für die Aufgaben motivieren kann. Neuartige Herausforderungen, die einen hohen Aufforderungscharakter haben und zudem ernste, authentische Erfahrungen ermöglichen, erleichtern den Teilnehmenden das Lernen. Der Sinn der Aufgaben sollte klar sein.

3. Unterstützende Haltung des Leitenden

Leitende sollten vermeiden, den Teilnehmenden Lösungen für schwierige Aufgaben und Probleme zu verraten oder Entscheidungen für sie zu fällen. Die Gruppe fühlt sich dadurch eher ermutigt, auf Hilfe von außen zu hoffen, als mit eigenen Kompetenzen zu arbeiten. Durch ein Vorwegnehmen der Antworten wird der abenteuerliche Charakter der Aufgabe zerstört und das Lernpotenzial erheblich eingeschränkt.

AUTHENTISCHE ERFAHRUNGEN ERMÖGLICHEN

4. Bedeutung der Reflexion

Der Anleitende darf das Reflektieren nicht vernachlässigen, denn die Auswertung des Geschehens ist mit das Entscheidende der gesamten Aktion. Hier zeigt sich, ob die Gruppe mit dem Gefühl nach Hause geht, etwas Gewinnbringendes erfahren zu haben. Wichtig ist auch, den richtigen Zeitpunkt für die Reflexion zu finden. Grundsätzlich ist es hilfreich, sich das eigentliche Ziel der Aufgabe vor Augen zu halten, denn ein gutes Ergebnis für die Gruppe ergibt sich nicht automatisch mit der Lösung der Aufgabe, sondern kann auch im Scheitern gefunden werden.

5. Flexibilität des Leitenden

Ein flexibler Führungsstil ist erforderlich, um auf die Gruppen entsprechend eingehen zu können, denn trotz einer gründlichen Programmplanung kann es vorkommen, dass Aktionen oder Reflexionen nicht wie geplant verlaufen. Ein Gefühl für Signale bezüglich gruppendynamischer und individueller Prozesse hilft, um angemessen reagieren zu können. Weiterhin ist es in diesem Zusammenhang von Vorteil, ein breites Repertoire an Übungen und Reflexionen parat zu haben.

Theologische Aspekte

Neben allgemeinen pädagogischen Erfahrungen soll den Teilnehmenden vor allem die religiöse Dimension an Erfahrungen eröffnet werden. Nachfolgende Aspekte sind in dieser Hinsicht entscheidend.

1. Glaube

Der Leitende braucht eine lebendige Beziehung zu Jesus Christus, über die er glaubwürdig berichten kann, denn er kann nur weitergeben, was er selbst für wahr hält. Eine gewisse Vertrautheit mit der Bibel und theologische Grundkenntnisse sind nötig, um die Anleitung vom Evangelium her zu gestalten.

2. Dienst

Grundsätzlich kann der Leitende, der als Mitarbeitender am Reich Gottes mit baut, seine Tätigkeit als einen Dienst in Wort und Tat am Nächsten verstehen. Es ist eine Herausforderung, die Teilnehmenden so zu sehen und anzunehmen, wie Gott das tut. In erster Linie soll der Leitende das Christsein leben und nicht lehren, mit dem Wissen, dass Gott durch ihn wirken will.

3. Geduld

Geduld ist nötig, um das Suchen und Fragen der Teilnehmenden nach Glauben abwarten zu können. Es braucht seine Zeit, mögliche Zusammenhänge zwischen Erlebtem und persönlichem Glaubensweg zu entdecken und neue bereichernde Impulse für ein Leben mit Gott zu gewinnen. Der Leitende sollte sensibel sein für die persönlichen Glaubensprozesse der Teilnehmenden und den Stand des Einzelnen einschätzen können.

4. Deutung

Ein adäquates Aufgreifen der Erlebnisse regt die Teilnehmenden zum Nachdenken über Religion und über Gott an. Dazu ist ein Methodenreichtum an metaphorischer Deutung von Vorteil, der sich an den Lebenswelten Jugendlicher orientiert. Die religiöse Deutungshoheit der Erlebnisse sollte allerdings bei den Teilnehmern gelassen werden.

5. Seelsorge

Der Anleitende nimmt die Deutungen der Teilnehmenden ernst und kann sie entsprechend aufgreifen. Aufbrechende persönliche Eindrücke gehen oft mit tiefer (religiöser) Emotionalität einher. In diesem Fall kann die Seelsorge und Begleitung der Teilnehmenden über das Kursgeschehen hinaus von entscheidender Bedeutung sein.

Voraussetzungen für bestimmte Praxisfelder (Hard Skills)

Neben dem genannten Wissen um Sicherheitsstandards und -techniken werden für ausgewählte Praxisfelder klare Kompetenzen der Anleitenden vorausgesetzt. Kommen Sportarten zum Einsatz, muss der Leitende kompetent in der Sportart sein, die er als Medium für die Gruppe ausgewählt hat. Für fast alle Natursportarten wie Klettern, Kajak, Bergsteigen etc. gibt es Ausbildungen, welche die entsprechenden Fachverbände wie z. B. der Deutsche Alpenverein oder der Deutsche Kanusportverband anbieten. Für niedere oder hohe Seilelemente ist eine qualitative Ausbildung zum Ropes-Course-Trainer zu empfehlen.

Die genannten Aspekte verdeutlichen, dass zu einem qualifizierten Leitungsverhalten bei erlebnispädagogischen Maßnahmen auch Sachkenntnis und möglichst auch Erfahrung dazugehören. Dies fällt nicht vom Himmel oder stellt sich einfach so ein; man muss sich darum bemühen durch Ausbildung und angeleitete und reflektierte Erfahrung.

Jörg Wiedmayer

Übersicht der Übungen

Übung	Seite	Art der Übung	Gruppengröße
GPS			
Abraham: Altäre für Gott	24	Multicache	8–25
MyPlace – Geocaching LiTourgie	30	Solo mit GPS Geräten, Landart	5–20
Abraham: Du sollst ein Segen sein	36	Nachtcache	8–25
Weis(s)e Wege – GPS im Schnee	40	GPS-Übung, Kooperation, Wahrnehmung	3–10
DRINNEN ODER DRAUSSEN			
Die magischen Nägel	48	Kooperation	6–20
Arbeitsteilung	52	Kooperation	5–10
belastet – befreit	58	Wahrnehmung, Vertrauen	8–15
Der gute Hirte	64	Vertrauen, Problemlösung	6–12
Gabenschachbrett	68	Kooperation	8–20
Neue Wege gehen	72	Vertrauen, Kooperation	10–30
Mauerbau	76	Problemlösung, Kommunikation	10–15
Nußdorfer Big Kai Kai (Mega-Fadenspiel)	84	Kooperation	10–15
Pfauenfeder	91	Koordination	10–30
Schuld und Vergebung	94	Problemlösung	8–20
Via Lucis „Weg des Lichts“	98	Wahrnehmung, Kooperation	10–100
DIE ERFAHRUNGEN DER JÜNGER			
Höre auf die Stimme	102	Vertrauen	6–12
Sich verlassen lassen	105	Vertrauen, Kooperation	6–20
Zuspruchskreis	109	Zuspruch von Bibelversen	6–30
Zuspruch geben	111	Zuspruch von Bibelversen	6–20
geführt	114	Vertrauen	2–30
DRAUSSEN			
Labyrinth bauen	122	Wahrnehmung, Kooperation	4–30
Lebens-Lauf	126	Vertrauen, Kooperation	10–30
BEI NACHT			
Du bist eingeladen	130	Nachtaktion	3–20
SPEZIAL			
Getragensein – Vertrauensübung in Kanus	134	Vertrauensübung in Kanus	Bis zu 12 Boote (3er Kanus)
Joshuas Walk – Vertrauensübung auf dem Hochseil	138	Vertrauen (Hochseilelement)	8–20
Slack Dating – Niedrigseil	142	Kooperation	8–20
TAGESAKTIONEN			
VERTRAUEN BAUEN			
Namen erfinden	150	Kennen lernen	5–15
Mondball	151	Warm Up	8–20
Vertrauens-ABC	152	Hinführung zum Thema	5–20
Die Welle	154	Vertrauen	10–30
Blind Line	156	Vertrauen	5–20
Blindenführung	158	Vertrauen	5–20
Klettern	160	Natursport	6–18
TIEFGRUNDIGES IM UNTERGRUND			
Gordischer Knoten	165	Warm Up	8–20
Mein Platz und mein Zettel	166	Wahrnehmung, Reflexion	5–15
Mein Psalmwort	168	Themenhinführung, Reflexion	5–15
Bewusst erleben	170	Wahrnehmung	5–15

Dauer	Gelände	Materialaufwand
Ca. 90 Min.	Wald, Freifläche, Feld	Hoch
Ca. 180 Min.	Wald, Freifläche, Feld	Hoch
Ca. 60–90 Min.	Wald, Freifläche, Feld	Hoch
1 Tag (evtl. länger)	Skigebiet	Sehr hoch
Ca. 30 Min.	Indoor, Halle, ebene Fläche, Wald	Hoch
15–20 Min.	Indoor	Niedrig
30–60 Min.	Indoor, auf ebener Fläche	Niedrig
Ca. 20–40 Min.	Indoor, Halle, Wald, ebene Freifläche	Niedrig
20–30 Min.	Indoor, Halle, ebene Freifläche	Mittel
20–30 Min.	Indoor in größerem Raum, Halle, geeignete Freifläche	Hoch
45–60 Min.	Indoor	Niedrig
15–45 Min.	Indoor, ebene Freifläche, Halle	Hoch
10–15 Min.	Halle, ebene Freifläche	Niedrig
Ca. 15–30 Min.	Indoor, Halle, Wald, ebene Freifläche	Niedrig
30–45 Min.	Indoor (mit vielen Räumen), Wald, Freifläche	Hoch
20–30 Min.	Wald	Niedrig
Ca. 30–40 Min.	Wald, Freifläche	Niedrig
Ca. 10–20 Min.	Indoor, Halle, Wald, draußen	Mittel
Ca. 10–20 Min.	Indoor, Wald, Halle	Mittel
Ca. 60–180 Min.	Wald	Niedrig
Insgesamt ca. 70–220 Min.	Ebene Freifläche, lichter Wald	Niedrig/Mittel
Ca. 10–30 Min.	Ebene Fläche, Halle, Wald	Niedrig
30–60 Min.	lichter Wald mit wenig Unterholz/Hindernissen, große Wiese	Niedrig
15 Min.	in Kanus auf dem Wasser	Hoch
Ca. 10 Min./Person	Wald	Hoch
Ca. 30 Min.	Wald	Hoch
10–30 Min.	Überall	Niedrig
15–30 Min.	Ebene Fläche, Wiese, Halle	Niedrig
20–30 Min.	Ebene Fläche	Niedrig
20–30 Min.	Ebene Fläche, Wiese, Halle	–
30–45 Min.	Begehbares Gelände mit Hindernissen	Niedrig
45–60 Min.	Wald, Wiese, abwechslungsreiches Gelände	Niedrig
2–3 Std.	Kletterwand, Kletterfels	Hoch
10 Min.	Ebene Fläche, Wald	–
30–40 Min.	abwechslungsreiches Gelände, Wald	Niedrig
20–30 Min.	Ebene Fläche	Niedrig
20–30 Min.	Wald, Höhle, Wiese	–

GPS

Gottes Führung – folgen im Vertrauen

Allgemeine Tipps zum Cachen mit Gruppen

- Unterschiedliche Gruppen haben unterschiedliche Voraussetzungen. Es bedarf unter Umständen einer Modifikation der Herausforderungen für jüngere bzw. ältere Geocacher (z. B. vorgefertigte Routen einspeichern). Die Methode eignet sich nach unseren Erfahrungen am Besten ab dem Konfirmandenalter (ca. 14 Jahre).
- Es ist immer darauf zu achten, dass die Handhabung der Geräte auf jeden Fall gut erklärt worden ist. Damit steht und fällt der Erfolg des Findens (evtl. Probe-Koordinate finden lassen).
- Bei der Methode des Geocachens kann man viele Gruppenprozesse wahrnehmen (Wer hat die Führung? Wer trägt das Gerät? Wie geht das Team miteinander um?). Diese kann man ggf. nutzen oder lenken.

Assoziationen Cachen/Glaube

- Kreuzpunkte
- Kontakt nach oben
- Führen lassen
- Richtung und Fokussierung auf das Ziel bleibt erhalten, auch wenn man vom Weg abkommt oder sich vom Weg entfernt
- Fokus weg von sich (vom GPS-Gerät) hin zur Umwelt (Reflektoren) und sich von Gott leiten lassen – Gottes Perspektiven sehen

GPS-Übungskette

Nachfolgend werden drei GPS-Übungen vorgestellt:

- Abraham: Altäre für Gott
- MyPlace – Geocaching LiTourgie
- Abraham: Du sollst ein Segen sein (evtl. Nachtaktion)

Es ist möglich, bei ausreichendem Zeitbudget (Freizeit/mehrtägige Aktion) diese Übungen zu verbinden. Natürlich ist es auch möglich, jede Übung unabhängig von den anderen Übungen durchzuführen. Als verbindendes Thema haben wir im Folgenden als Beispiel die Geschichte Abrahams gewählt. Im Vordergrund steht das Thema „Weg“: Weg mit Gott, Weg mit den Menschen und mein Weg, wohin er mich führt. In den Anleitungen der einzelnen Übungen werden Liedvorschläge und Textbezüge genannt.

Wann kann welche Übung eingesetzt werden:

Gruppenphase	Thema	Zweck/Kommentar	Übung
Kennenlernphase	Aufbrechen ins Unbekannte	Die Gruppe hat sich noch nicht gefunden, die Freizeit hat gerade begonnen. Vor allen steht die Freizeit als große Unbekannte. Das kann auch Angst machen. Doch mit Vertrauen auf Gott und Offenheit für Neues, kann die Erfahrung zur Bereicherung werden. Diese Gefühle können in einer liturgischen Einheit aufgegriffen und vor Gott gebracht werden.	Abraham: Altäre für Gott
Vertrauensphase	Wo stehe ich, wo stehen die anderen?	Die Freizeitgruppe kennt sich. Kleine Gruppen haben sich gebildet, neue Freundschaften sind entstanden. Hier gibt es nun die Möglichkeit, für jeden einen Ort zu gestalten, und das Werk mit den anderen zu teilen.	MyPlace – Geocaching LiTourgie
Ablösungsphase	Es gibt noch was anderes als unsere Gruppe	Der Blick muss sich nun wieder weiten und die Welt außerhalb der Freizeit mit einbeziehen. Durch eine Segensaktion besteht die Möglichkeit, dem anderen etwas mitzugeben.	Abraham: Du sollst ein Segen sein

Autoren: Antje Herzog, Sibylle Holzwarth

Abraham: Altäre für Gott

ART DER ÜBUNG	Multicache („Schnitzeljagd" mit mehreren Stationen)
GRUPPENGRÖSSE	8–25 Personen, abhängig von der Geländegröße und der Anzahl der GPS-Geräte
DAUER	ca. 90 Min.
GELÄNDE	Wald, Freifläche, Feld
MATERIAL	Mindestens ein GPS-Gerät pro fünf Teilnehmende, Laufzettel für die Gruppe (Beispiel siehe S. 29), Stifte, Hinweise bei den Zwischenstationen (z. B. Tupperdosen)

Aufbau:

Der Anleitende legt am Tag vor der Übung die Routen fest, entwickelt die Hinweise an den einzelnen Zwischenstationen und gestaltet anhand derer die Laufzettel. Die Hinweise an den Zwischenstationen können auf vielfältige Weise gestaltet werden. Es ist von versteckten Zetteln mit der nächsten Koordinate (Achtung: sicher und wasserdicht deponieren) bis hin zu kleinen Rätseln, die sich aus der Umgebung ergeben, alles denkbar. Weiterhin empfiehlt es sich, für eine entsprechend große Gruppe mehrere Routen vorzubereiten und/oder die einzelnen Teams zeitversetzt loszuschicken. Um die Übung zeitlich nicht ausufern zu lassen, sind vier Stationen pro Route völlig ausreichend (auch abhängig von der zu gehenden Strecke). Beim Aufbau und bei den Vorbereitungen zum Koordinaten nehmen empfiehlt es sich, von der Zielkoordinate zur Startkoordinate vor zu gehen. Kurz vor der Übung werden die verschiedenen Caches/Tupperdosen durch Mitarbeitende versteckt.

Instruktion:

Die Einführung der Übung für die Teilnehmenden hat die Geschichte Abrahams zum Hintergrund. Vor der eigentlichen Aufgabenstellung kann die Gruppe liturgisch mit Liedern oder Bibelstellen auf das Thema eingestimmt werden:

Liedvorschläge:

- „Vater Abraham hat sieben Söhne“, Sein Ruhm, unsere Freude, 130
- „Bahnt einen Weg unserm Gott“, Feiert Jesus 1, 143
- „Thy Word", Feiert Jesus 2, 115
- „Alles muss klein beginnen“, Das Kindergesangbuch, 46

Biblische Stellen in der Geschichte Abrahams zu Altar bauen/Ort gestalten:

- 1. Mose 12,7:
  „Da erschien der Herr dem Abraham und sprach: Deinen Nachkommen will ich dies Land geben. Und er baute dort einen Altar dem Herrn, der ihm erschienen war."
- 1. Mose 12,8:
  „ ... und baute dort dem Herrn einen Altar und rief den Namen des Herrn an."
- 1. Mose 13,4b:
  „Dort rief er den Namen des Herrn an."
- 1. Mose 13,18:
  „Und Abraham zog weiter ... , und baute dort dem Herrn einen Altar."
- 1. Mose 22,9:
  „Und als sie an die Stätte kamen, die ihm Gott gesagt hatte,
  baute Abraham dort einen Altar ... "

Wir möchten nun zusammen eine besondere Art von Geocache suchen. Ihr seid eingeladen, euch mit uns auf den Weg zu machen. Zu Beginn möchte ich euch als Hinführung eine Geschichte aus der Bibel erzählen. Sie handelt von Abraham und steht in 1. Mose 12,1-5 (die Geschichte altersgerecht präsentieren). Gott leitet Abraham, da er immer den Kontakt nach oben hält. Abraham muss einige Prüfungen bestehen. Aber auch in den Zeiten, in denen es hart auf hart kommt, steht Gottes Zusage, die er immer wiederholt: „Ich will dein Geschlecht segnen und mehren wie die Sterne am Himmel." (1. Mose 22,17ff.) Abraham vertraut auf die Zusage und folgt Gott ohne Einschränkung. Er durchzieht das Land kreuz und quer und als Dank für Gottes gute Führung baut er immer wieder Altäre für Gott. Denn Abraham ist sich sicher, dass Gott nur sein Bestes will.

Wie sieht es bei euch aus? Lasst ihr euch von Gott kompromisslos durch euer Leben leiten? Ist Gott für euch so einfach zu verstehen? Wisst ihr, was er mit euch vor hat? Nehmt euch kurz Zeit, um zu überlegen, wo ihr Gottes Einfluss in eurem Leben spürt.

Wir werden euch später in Kleingruppen einteilen (ältere Teilnehmende können sich auch selbst zusammenfinden). Bleibt auf jeden Fall immer in der Gruppe zusammen. Jede Gruppe bekommt ein GPS-Gerät, das Signale von Satelliten empfangen und dadurch genau bestimmen kann, wo ihr euch befindet. Anschließend werden wir zusammen üben, was es heißt, seinen Weg zu gehen und auf Signale von oben zu vertrauen.
Eure Aufgabe wird es sein, verschiedene Stationen, wie bei einer Schnitzeljagd, anhand der Koordinaten zu suchen. An einer Station angelangt, werdet ihr Hinweise auf die nächste Station finden (hier evtl. noch Tipps geben, wie die Hinweise aussehen). So erfahrt ihr immer die nächste Koordinate, bis ihr schließlich zum finalen Cache kommt. Damit jedes Team möglichst in Ruhe auf dem Weg sein kann, werdet ihr zeitversetzt losgehen bzw. unterschiedliche Routen gehen. Am Endpunkt treffen sich alle Gruppen wieder.

Wenn die Aufgabe für die Teams klar ist, kann nun der Umgang mit dem GPS-Gerät erklärt werden. Dies variiert stark von Gerät zu Gerät. Die Mitarbeitenden sollten gut damit vertraut sein.

Verlauf:

Die Gruppen sollten nicht größer als fünf Teilnehmende pro Gerät sein. Wir empfehlen, nicht mehr als vier Stationen anzubieten, da es sonst zu unübersichtlich und zu lang werden kann. Da die Gruppen zeitversetzt losgehen und ankommen, kann es sinnvoll sein, für die wartenden Teams ein Extra-Programm anzubieten, um die Wartezeit zu verkürzen.

An der letzten Station vor dem Ziel befindet sich eine versteckte Tupperbox. Darin ist ein Bauteil (z. B. Puzzleteil, kleiner Stein o. Ä.) für „Abrahams Altar" sowie die Zielkoordinate, an der sich alle Gruppen wieder treffen, um die gefundenen Teile zu einem „Altar" zusammenzufügen. Wenn der Altar gemeinsam aufgebaut ist, kann ein freier, liturgischer Abschluss mit Gebet, Andacht, Liedern und Segen erfolgen.

Lernimpuls(e):

Das Ziel findet man nur, wenn man die Richtung beibehält. Den Weg findet man nur, wenn man seinen Blick vom Gerät löst und die Umwelt und das Gelände mit einbezieht. Hier spiegelt sich der Konflikt zwischen „Gott folgen" und „in den Wirren der Welt leben". Gottes Führung und der freie Wille des Menschen sind oft nicht unter einen Hut zu bringen.

Auf Gottes Anweisung hin durchzieht Abraham das Land – Wandern wird somit für seine neue Lebensweise charakteristisch. Sein Ziel war das Land Kanaan. Im Vertrauen auf Gott brach er mit seiner ganzen Familie zu neuen Ufern auf. Ohne Einschränkung glaubt er daran, dass Gott ihn auf seinem Weg begleitet.

Die Errichtung des Altars aus Steinen war für Abraham weniger ein Opfertisch, sondern eher ein Denkmal. Den Moment der Gottesbegegnung will er in einem Denkstein festhalten. Abraham war es demnach wichtig, ein Symbol, eine eindrückliche Erinnerung für die Nähe Gottes zu schaffen. Auch wir tun gut daran, uns feste Erinnerungen bzw. Rituale zu schaffen, die uns alltäglich an Gottes Beistand erinnern.

Auswertungsmethode:

Leitfragen können je nach Lernimpuls sein:

- Was habt ihr erlebt?
- Wie habt ihr euren Weg gefunden? Querfeldein oder den Weg entlang?
- Was hat euch geholfen?
- Was würdet ihr anders machen?
- Habt ihr euch ganz auf das GPS-Gerät verlassen, oder seid ihr offenen Auges durch das Gelände gegangen?
- Inwiefern seht ihr Parallelen zur Geschichte Abrahams?
- Abraham errichtete einen Altar, um sich an Gott zu erinnern. Was erinnert euch im Alltag an Gottes Gegenwart?

Varianten:

Im Anschluss kann zur Übung „MyPlace“ übergeleitet werden.

Anhang:

Laufzettel für die Übung „Abraham: Altäre für Gott“
(siehe S. 29)
So könnte ein beispielhafter Laufzettel aussehen:
Die Lösungen sind zum besseren Verständnis bereits eingetragen.
Die Koordinaten sind rein fiktiv. Bei der Durchführung müssen die Koordinaten natürlich in der Vorbereitung zunächst richtig ermittelt werden.

Abraham macht sich mit Gott auf den Weg:

Du machst dich wie Abraham auf den Weg. Gott sagte zu ihm in 1. Mose 13,17: „Darum mach dich auf und durchzieh das Land, in die Länge und Breite, denn dir will ich's geben." Die Längen- und Breitengrade überziehen die Erde wie ein Netz. Dadurch ist es möglich, jeden Punkt irgendwo auf der Welt mit Koordinaten ganz genau zu bestimmen. Damit ihr euren nächsten Punkt finden könnt, braucht ihr immer eine so genannte Nordkoordinate (Längengrad) und eine Ostkoordinate (Breitengrad). Gebt ihr diese in das GPS-Gerät ein, führt es euch zur nächsten Station.

Eure Reise beginnt bei Station 1. Sie hat folgende Koordinaten:
N 49° 11.456
O 008° 39.76

Station 2
Ihr seid an der zweiten Station angekommen. Schaut euch mal um und betrachtet die Bäume. Auch Abraham kam auf seiner Reise an einem Hain vorbei, der Mamre hieß. Dort bekam er Besuch von Männern, die ihm sagten, dass seine Frau Sara einen Sohn zur Welt bringen wird. Wie viele Männer waren es? (Lösung 3)
Die Anzahl = a, a= (Lösung 3)

Nächste Koordinaten:
N 49° 12.45(3*a)
O 008° 39.8(40-a)

Station 3
Während des langen Lebens von Abraham stellt Gott die Treue und sein Vertrauen zu ihm immer wieder auf die Probe. Eine besonders heikle Prüfung war für Abraham, als Gott ihn bat, seinen einzigen Sohn Isaak zu opfern. Schaut nach oben. Was steht auf dem Wegweiser (z. B. Hintertupfingen 12 km)?
b= die Entfernungsangabe (Lösung 12)

Die nächsten Koordinaten führen euch zum Final:
N 49° 12.58 (Quersumme b)
O 008° 39.(b hoch 2)

Station 4 – Final
Abraham war mit Gott auf dem Weg. Immer wieder sprach Gott direkt zu ihm. Die Momente der Gottesbegegnung will er festhalten und so errichtet er an den Stellen einen Altar. Abraham war es demnach wichtig, ein Symbol, eine eindrückliche Erinnerung für die Nähe Gottes zu schaffen. Auch wir tun gut daran, uns feste Erinnerungen bzw. Rituale zu schaffen, die uns alltäglich an Gottes Beistand erinnern.
Der Inhalt des Finals dient einerseits zur Stärkung, andererseits findet ihr etwas, das ihr mitnehmen sollt. Ihr werdet es brauchen, um die Schlussaufgabe zu lösen.

(In der Dose, die an dieser Stelle liegt, kann außer Süßigkeiten weiterhin ein Gegenstand deponiert sein, der dann zusammen mit den anderen Gruppen für den Altarbau benötigt wird. Außerdem sollten die Koordinaten des Treffpunkts hinterlegt sein.)

Autoren: Simon Wöhrbach, Jörg Lohrer, Sibylle Holzwarth, Liane Leucht, Antje Herzog

MyPlace – Geocaching LiTourgie

ART DER ÜBUNG	Solo mit GPS-Geräten, Landart
GRUPPENGRÖSSE	5–20 Personen, abhängig von der Geländegröße und der Anzahl der GPS-Geräte
DAUER	Einstiegsphase und Besuchsphase zusammen ca. 180 Min. (weitere Besuchsphase über längeren Zeitraum, z. B. während einer Freizeit, möglich)
GELÄNDE	Wald, Freifläche, Feld
MATERIAL	Mindestens ein GPS-Gerät mit Ersatzakkus für zwei Teilnehmende (besser jeweils ein Gerät), Logbücher (mit Bibelvers beschriftet, siehe S. 31) mit Plastikbox oder Tüte pro Team/Teilnehmenden zum Schutz des Logbuchs, Kärtchen mit Koordinaten (Visitenkartenformat), Stifte, Pinnwand oder Ähnliches am Sammelpunkt.

Aufbau:

Bei dieser Übung gestalten die Teilnehmenden jeweils einen Ort, den die anderen mittels GPS-Gerät aufsuchen können. Zu Beginn wird ein Sammelpunkt (welcher nicht unbedingt der Startpunkt sein muss) eingerichtet, der später als zentrale Anlaufstelle dient, um die Koordinaten der eingerichteten Orte zu tauschen. Zusätzlich werden von den Mitarbeitenden zuvor zwei konkrete Orte gestaltet, damit die Teilnehmenden, die als erste ihren Ort eingerichtet haben, gleich mit dem Besuchen anfangen können. Name und Koordinate der zwei eingerichteten Orte werden auf ein Kärtchen notiert, auf dessen Rückseite zur Sicherheit die Koordinate des Sammelpunktes steht. Jedes Team/jeder Teilnehmende erhält ein GPS-Gerät, ein Logbuch mit Plastikbox zum Schutz, einen Stift und ein Kärtchen (ebenfalls mit den Koordinaten des Sammelplatzes auf der Rückseite), um nach der Einrichtung den eigenen Platz einzutragen und an der Pinnwand des Sammelpunktes anderen zugänglich zu machen.

Instruktion:

Die Einführung der Übung für die Teilnehmenden hat die Geschichte Abrahams zum Hintergrund. Vor der eigentlichen Aufgabenstellung kann die Gruppe liturgisch folgendermaßen auf das Thema eingestimmt werden:

Liedvorschläge:
- „Abraham, Abraham, verlass‘ dein Land und deinen Stamm“, EG 311
- „Ich will dich segnen, du sollst ein Segen sein“, EG 348
- „I walk by faith“, Feiert Jesus 1, 220
- „Bahnt einen Weg unserm Gott“, Feiert Jesus 2, 220

Biblische Verse als Grundlage/Impuls:
- Gen 12,1:
  „Geh aus deinem Vaterland und von deiner Verwandtschaft
  und aus deines Vaters Hause in ein Land, das ich dir zeigen will.“
- Gen 12,4:
  „Da zog Abraham aus, wie der Herr zu ihm gesagt hatte.“
- Gen 12,7:
  „Und er baute dort einen Altar dem Herrn, der ihm erschienen war.“

- Psalm oder Gebet (eventuell in Auszügen auf Kärtchen mitgeben):
- Psalm 23
- Psalm 119

Aufgabenstellung an die Teilnehmenden „MyPlace“ suchen und finden:

Abraham ist damals auf Gottes Ruf hin von zu Hause aufgebrochen, um sich mit seiner Familie in ein neues Land aufzumachen, das Gott ihm zeigte. Gott sprach

damals zu Abraham „Ich bin der Herr, der dich aus Ur in Chaldäa geführt hat, auf dass ich dir dies Land zu besitzen gebe" (1. Mose 15,7).
Auch ihr werdet euch heute auf den Weg machen, um das umliegende Land zu erkunden. Wir haben für jeden von euch ein sogenanntes „Logbuch" vorbereitet. Darin findet ihr die gerade gelesene Bibelstelle. Weiterhin bekommt ihr ein Kärtchen mit der Koordinate unseres Sammelpunktes. Eure Aufgabe besteht nun darin, euch in der Umgebung einen Platz zu suchen und ihn nach euren Ideen und mit den Mitteln, die ihr dort findet, zu gestalten. Ihr könnt beispielsweise etwas Individuelles bauen, dekorieren oder legen – eurer Fantasie sind keine Grenzen gesetzt. Ziel ist es, dass diese Orte wachsen und von anderen weiter gestaltet werden können. Ihr könnt euch dazu ein Thema oder eine Aufgabe ausdenken, wie dieser Ort werden soll. Tragt dies in das Logbuch als Auftrag für die anderen ein, die nach euch zu diesem Platz kommen. Überlegt euch einen besonderen Namen für euren Ort und schreibt ihn ebenfalls in das Logbuch. Deponiert das Logbuch so, dass es geschützt ist und doch von den anderen gefunden wird. In den nächsten Stunden (oder Tagen) haben dann die anderen Teilnehmenden die Möglichkeit, euren Ort weiter zu gestalten und Einträge oder Kommentare ins Logbuch zu schreiben. Wählt die Orte so, dass ihr einander nicht sehen könnt.

Wenn ihr fertig seid, ermittelt bitte mit den GPS-Geräten, die wir gleich austeilen und euch erklären werden, die genaue Koordinate eures Platzes. Schreibt diese Koordinate und den von euch ausgedachten Namen auf das Kärtchen. Bringt das Kärtchen dann zum Sammelpunkt mit. Die Koordinaten des Sammelpunktes stehen auf der Rückseite der Kärtchen. Dort könnt ihr dann ein Kärtchen der anderen Teilnehmenden nehmen und die von ihnen gestalteten Orte aufsuchen. Ihr dürft nun das umliegende Land in Beschlag nehmen.

Je nach Voraussetzung der Gruppe folgt nun die Einweisung in die GPS-Geräte. Die Übung wird bei ausreichend vorhandenen GPS-Geräten einzeln durchlaufen. Dadurch kann sich die Erfahrung intensivieren. Es empfiehlt sich, für die Dauer der Übung am Startpunkt einen Mitarbeitenden zu postieren, der bei Problemen mit dem Gerät helfen kann.

Verlauf:

Nach dem liturgischen Start folgt die Einführung in die Aufgabenstellung sowie die Einweisung in den Umgang mit den GPS-Geräten. Zum Start der Gestaltung von „MyPlace" stellen sich die Teilnehmenden dann alle im Kreis auf und machen sich sternförmig nach allen Richtungen auf die Suche nach ihrem persönlichen Ort. Sinnvoll ist die Begrenzung der Entfernung auf unter 10 Minuten vom Ausgangspunkt und die Vorgabe einer Schlusszeit.

Die Teilnehmenden gestalten ihre Orte und tragen ihren Platz mit den Koordinaten auf dem Kärtchen ein, hinterlassen es an der Pinnwand am Sammelplatz und besuchen dann die Orte der anderen. Das Logbuch mit Name und Thema/ Aufgabe verbleibt dabei am gestalteten Ort.

Danach beginnt die Besuchsphase, die zeitlich begrenzt sein kann, z. B. auf zwei Stunden oder über die Dauer einer ganzen Freizeit läuft. Um Wartezeiten zu vermeiden, werden die ersten beiden am Sammelpunkt eintreffenden Teilnehmenden zu einem der beiden bereits vorbereiteten Plätze geschickt. Doppelbelegungen werden umgangen, indem jeder das Kärtchen des Platzes, der aufgesucht wird, mitnimmt. An dem mit Hilfe des GPS-Gerätes gefundenen Ort werden nun die Anweisungen des Logbuchs ausgeführt. Dies ist fortlaufend, also mehrmals und immer wieder möglich.
Nach Ablauf der vorgegebenen Zeit wird am Sammelpunkt auf das nahende Ende der Besuchsphase hingewiesen. Dabei ist zu klären, ob und wie die Orte abgebaut werden. Sinnvoll ist, dass die „Eigentümer" eines Platzes diesen auch wieder abbauen und auf diese Weise noch einmal sehen, was aus ihrem Platz geworden ist. Möglich ist auch das gemeinsame Aufsuchen aller Punkte mit der gesamten Gruppe, so dass vor Ort selbst ein Austausch über die Besonderheit und Entwicklung des jeweiligen Platzes möglich ist.

Lernimpulse/Transfermöglichkeiten:

Passende Themenbereiche zur Vertiefung sind neben einem Rückbezug auf die biblische Geschichte und das Erlebnis Abrahams unter anderem:

- Neue Wege gehen/wagen
- Hören in der Stille
- Stille aushalten
- Spuren hinterlassen
- Zeichen setzen
- Sich im Leben positionieren
- Selbstwert und Identität

Im Blick auf Abraham geht es vor allem um die „Führung vom Himmel aus". So wie Gott Abraham den Weg zeigte, will er auch uns den (Lebens-)Weg weisen. Vergleichbar mit dem GPS-Gerät, das bei der Übung in die richtige Richtung weist, gibt Gott uns mit der Bibel eine Orientierungshilfe, die es ermöglicht, uns zu orientieren und unseren Standort zu bestimmen. Dieser Richtung können wir folgen, müssen aber nicht. Es ist wie die Bibel eine Einladung zur Nachfolge.

Der zweite große Bereich, der während der Übung intensiv entdeckt und wahrgenommen wird, ist Gottes wunderbare Schöpfung. Die Natur ist mit all ihrer Schönheit, aber auch Verwundbarkeit, von Gott geschaffen. Die Teilnehmenden nehmen in Aktion die Schöpfung wahr und gestalten sie, gleichwie in 1. Mose 2,15 Gott dem Menschen die Aufgabe übertrug, die Schöpfung „zu pflegen und zu schützen" (Gute Nachricht Übersetzung). In der folgenden Auswertung kann darauf näher eingegangen werden.

Auswertungsmethode:

Die Vertiefung der Übung kann vor allem über die einzelnen Plätze, deren Logbücher und Erbauer geschehen. Der gemeinsame Abbau der gestalteten Plätze sollte deshalb Teil der Auswertung sein und kann die folgenden Themen und Fragestellungen beinhalten:

- Austausch über die Erlebnisse und Eindrücke an und mit den jeweiligen Orten.
- Auswerten der Logbücherinhalte und was daraus entstanden ist.
- Der Erbauer als Experte.
- Finden des Platzes und Errichten.
- Abgeben und Öffnen für andere.
- Das Ergebnis.
- Gemeinsam und doch unabhängig voneinander agieren („Gruppeneinsamkeit").
- Umgang mit dem, was ein anderer geschaffen hat – Umgang mit Gottes Schöpfung und der Verantwortung damit.

Varianten:

- Die Übung kann auch nach einem Gottesdienst stattfinden, bei dem die Geschichte Abrahams behandelt wird („Mach' dich auf an einen Ort", „Gestalten des verheißenen Landes").
- Als alternative biblische Themen sind auch der Exodus des Volkes Israel (2. Mose 1ff) und Jesus in der Wüste (Matthäus 4,1-11) denkbar.
- Bei Nacht kann zusätzlich mit den Sternen am Nachthimmel gearbeitet werden, die bei Abraham eine wichtige Rolle spielen („Sieh' die Sterne am Himmel an", 1. Mose 15,5).
- Die im Vorfeld gestalteten Plätze mit Bibelversen/Psalm bestücken.
- Die Grundidee, unterschiedliche Plätze aufzusuchen, ermöglicht auch einen Stationengottesdienst, bei dem die Auseinandersetzung mit dem Thema einzeln an den unterschiedlichen Stationen erfolgt.
- Logbücher verbleiben nicht an den Stationen, sondern jeder hat für sich sein Logbuch und trägt bei sich immer etwas ein, wenn er an den von anderen gestalteten Orten ist.
- Die Übung ermöglicht auch eine Rückbesinnung auf die biblische Tradition Einsamkeit/Rückzug/Einkehr, sie kann auch als Visionssuche gestaltet werden.

Autoren: Antje Herzog, Sibylle Holzwarth, Jörg Lohrer

Abraham: Du sollst ein Segen sein

ART DER ÜBUNG	Nachtcache
GRUPPENGRÖSSE	8–25 Personen, abhängig von der Geländegröße und der Anzahl der GPS-Geräte
DAUER	ca. 60–90 Min.
GELÄNDE	Wald, Freifläche, Feld
MATERIAL	Mindestens ein GPS-Gerät für fünf Teilnehmende, Taschenlampen, Knicklichter (oder CD-Rohlinge/Reflektoren), Segenssterne

Aufbau:

Der Anleitende legt bei Tag die Route fest und speichert die Koordinaten ab (Tipp: beim Aufbau und bei den Vorbereitungen zum Koordinatennehmen am Besten von der Zielkoordinate zur Startkoordinate vorgehen), markiert die Route mit Reflektoren, auf denen die nächste Koordinate steht, und versteckt den Cache (Kiste mit Segenssternen) Auf die Sterne werden diverse Segenssprüche gedruckt.

Instruktion:

Die Einführung der Übung für die Teilnehmenden hat die Geschichte Abrahams als Hintergrund. Vor der eigentlichen Aufgabenstellung kann die Gruppe liturgisch mit Liedern auf das Thema eingestimmt werden:

- „Ich will dich segnen, du sollst ein Segen sein“, EG 348
- „I walk by faith“, Feiert Jesus 1, 220
- „Thy Word“, Feiert Jesus 2, 115

Wir möchten nun zusammen eine besondere Andacht feiern. Ihr seid eingeladen, euch mit uns auf den Weg zu machen. Zu Beginn möchte ich euch eine Geschichte aus der Bibel erzählen. Sie handelt von Abraham und steht in 1. Mose 12,1-5 (die Geschichte altersgerecht präsentieren, z. B. für Kinder anhand Neukirchener Kinderbibel, Seite 25ff).

Gott nimmt Abraham bei der Hand und leitet ihn durchs Leben. Abraham vertraut ganz auf Gott und hört auf sein Wort. In den Zeiten, in denen es hart auf hart kommt, steht Gott Abraham bei. Seine Zusage an Abraham: „Ich werde dich überreich beschenken und dir so viele Nachkommen geben, wie es Sterne am Himmel und Sand am Meer gibt ...“ (1. Mose 22,17f, Gute Nachricht Übersetzung) behält seine Gültigkeit. Abraham vertraut auf die Zusage und folgt Gott ohne Einschränkung. Er wird dadurch zum Segen für alle Generationen.

Wir werden euch anschließend in Kleingruppen einteilen (ältere Teilnehmende können sich auch selbst zusammenfinden). Bleibt auf jeden Fall immer in der Gruppe zusammen. Jede Gruppe bekommt ein GPS-Gerät, dessen Bedienung ich euch noch genau erklären werde. Eure Aufgabe wird es sein, die verschiedenen Stationen, wie bei einem Multi-Cache, anhand der Koordinaten zu suchen. Haltet dort nach einem reflektierenden Stern Ausschau, auf dem die nächste Koordinate stehen wird. Damit jedes Team möglichst in Ruhe auf dem Weg sein kann, werdet ihr zeitversetzt losgehen. Am Endpunkt treffen sich alle Gruppen aber wieder gemeinsam.

Verlauf:

Die Gruppen sollten nicht größer als fünf Teilnehmende sein. In der Einführung in das Gerät sollte auf die Nachtfunktion der Geräte hingewiesen werden. Wir empfehlen, nicht mehr als vier Stationen anzubieten, da es sonst zu unübersichtlich und zu lang werden kann. Da die Gruppen zeitversetzt losgehen und ankommen, kann es sinnvoll sein, für die wartenden Teams ein Extra-Programm anzubieten. Am Zielpunkt liegen die Segenssterne vorbereitet in der gestalteten Mitte. Sobald alle Gruppen eingetroffen sind, dürfen sich die Teilnehmenden einen Segen ziehen. Nun stellen sich alle im Kreis auf. Immer zwei Teilnehmende sprechen sich gegenseitig den gezogenen Segen zu und tauschen die Segenssterne aus. Wieder in Kreisformation, spricht der Anleitende einen Segen zum Abschluss. Hierzu legt jeder die rechte Hand auf die linke Schulter seines rechten Nachbarn. Die linke Hand wird offen in die Mitte gestreckt (rechte Hand gibt, linke Hand empfängt). Der Segen hat somit zwei Aspekte: einen empfangenden und einen spendenden.

Lernimpuls(e):

Paulus erwähnt im neuen Testament ausführlich (Römer 4) den besonderen Glauben, den Abraham hatte. Allein durch sein Vertrauen nahm Gott Abraham an. Es ging nicht um besondere Taten, die Abraham für Gott getan hat. So ist er ein Vorläufer für alle geworden, die auch ihr Vertrauen auf Gott setzen wollen. Abraham „wurde nicht schwach im Glauben, und zweifelte nicht an der Zusage Gottes, vielmehr wurde sein Glaube nur umso fester. Er gab Gott die Ehre und war felsenfest davon überzeugt: Was Gott zusagt, das kann er auch tun. Darum wurde ihm sein Glaube als Gerechtigkeit angerechnet. Auch uns wird Gott einst den Glauben als Gerechtigkeit anrechnen, so gewiss wir auf ihn vertrauen" (Verse 20-22; 24, Gute Nachricht Übersetzung). Gott nimmt uns an, wie wir sind – das Vertrauen, der Glaube an Gott, gibt hierzu den Ausschlag. Weil Gott sein „Ja" über uns spricht, können wir auch ein Segen für andere werden und ihnen Gutes tun. Wir können den Fokus weg von uns selbst (vom GPS-Gerät), hin zur Umwelt (Reflektoren) wenden und uns von Gott leiten lassen. So können wir Gottes Perspektiven sehen.

Auswertung:

Bis das letzte Team am Ziel ankommt, kann mit den bereits eingetroffenen Teams die Aktion und deren Verlauf besprochen werden.

- Haben wir als Team gut harmoniert?
- Haben sich alle an der Lösung der Aufgabe beteiligt?
- Konnte ich mich auf das GPS-Gerät verlassen?
- Konnte ich den anderen Teilnehmenden in meiner Gruppe vertrauen?
- An welchen Punkten in meinem Leben vertraue ich auf andere Menschen?
- Fällt mir dies leicht? Wo fällt es mir schwer?
- Wenn ich mich in Abraham hineinversetze: konnte er sich auf Gott verlassen?
- Was hatte Abraham von seinem Glauben an Gott? Was hat es ihm gebracht?
- Möchte ich persönlich auf Gott vertrauen?
- Glaube ich, dass er mich ganz persönlich auf meinem Weg begleitet?
- Welche Perspektiven hat Gott für mich?
- Wo brauchen die Anderen meine Hilfe?
- Wie kann ich für andere ein Segen werden?

Autoren: Simone Benzinger, Simon Wöhrbach

Weis(s)e Wege – GPS im Schnee

ART DER ÜBUNG	GPS-Übung, Kooperation, Wahrnehmung
GRUPPENGRÖSSE	3–10 Personen je Pistengruppe, mehrere Gruppen möglich. Die Gruppen werden von einem Mitarbeitenden begleitet.
DAUER	Ein Tag. Kann auch auf mehrere Tage verteilt werden.
GELÄNDE	Skigebiet
MATERIAL	GPS-Geräte entsprechend der Gruppenanzahl, Wintersportausrüstung inklusive Helm, „Puzzle-Teile" mit Teilen des zu suchenden Verses.

Aufbau:

Der Schriftzug „Befiehl dem Herrn deine Wege und hoffe auf ihn, er wird's wohl machen", Psalm 37,5 wird auf mehrere Puzzle-Teile verteilt. Dazu kann stilgerecht ein alter Ski oder ein ausgedientes Snowboard in mehrere Stücke zersägt werden. Diese werden dann beschriftet. Alternativ können andere haltbare Botschaftsträger verwendet werden. Je mehr Teile, desto länger und schwieriger ist die Aktion. Da dieser Bibelvers sehr bekannt ist, kann für Gruppen mit religiösem Hintergrund auch die erste Strophe von Paul Gerhardts Lied „Befiehl du deine Wege" (EG 361) verwendet werden. Die beschrifteten Teile werden einzeln im Skigebiet im Schnee versteckt, ohne unbeteiligte Wintersportler zu stören. Als Verstecke eignen sich markante Punkte, wie beispielsweise Gipfel, Bäume oder Masten (nicht in ungesichertem oder privatem Gelände). Die Schwierigkeit der Verstecke sollte an das Alter der Gruppe angepasst werden. Wenn ein Teil versteckt wurde, werden mit dem GPS-Gerät die Koordinaten ermittelt und notiert.

Um einen reibungslosen Ablauf zu ermöglichen, ist es sinnvoll, der Begleitperson einer Gruppe alle Koordinaten der Verstecke mitzugeben und sie zusätzlich in einem Pistenplan zu markieren. Orte, an denen schon Spuren sind, eignen sich besser zum Verstecken als im Tiefschnee, da die eigenen Spuren direkt zum Versteck führen.
Bitte nicht vergessen, nach der Übung die versteckten Teile wieder einzusammeln.

Instruktion:

Ihr werdet heute in Gruppen im Skigebiet unterwegs sein, um mehrere versteckte Gegenstände zu finden. Auf diesen Gegenständen sind jeweils einzelne Worte geschrieben, die ihr später zusammensetzen müsst, um einen Lösungssatz zu ermitteln. Jede Gruppe hat ein GPS-Gerät, in welches die Koordinaten des nächsten Versteckes eingegeben werden können. Das GPS-Gerät gibt euch dann mit einem Pfeil die Richtung vor, in die ihr euch bewegen müsst, um zum Versteck zu kommen. Die Koordinaten und eine Einweisung in das GPS-Gerät erhaltet ihr vom Leiter eurer Gruppe. Seid ihr an den eingegebenen Koordinaten angekommen, versucht ihr den Gegenstand zu finden. Ist dies gelungen, notiert ihr euch das Wort oder den Satzteil auf der Rückseite und platziert den Gegenstand wieder genau da, wo ihr ihn gefunden habt. Von eurem Gruppenleiter erhaltet ihr nun die Koordinaten des nächsten Verstecks.

Bitte achtet bei der Verwendung der GPS-Geräte auf die korrekte Handhabung, da ihr sonst keine Chance habt, eure Ziele zu finden. Vergesst beim Navigieren mit den Geräten die anderen Skifahrer oder Snowboarder auf der Piste nicht, fahrt umsichtig.

Heute Abend werden wir uns mit allen Gruppen gemeinsam zusammensetzen, um dann zu schauen, auf welche Lösung ihr gekommen seid. Ich bin schon gespannt und wünsche euch einen guten Ski- und Snowboardtag. Viel Erfolg beim Suchen.

Verlauf:

Die Skigruppen erhalten von einem Mitarbeitenden, der die Gruppe begleitet, mindestens eine Koordinate und fahren dann auf ihren Wintersportgeräten mit Hilfe des GPS-Geräts zum Versteck. Wenn jede Gruppe als erstes Ziel die Koordinaten eines anderen Versteckes erhält, ist das parallele Suchen möglich. An den Koordinaten angekommen, suchen sie das versteckte Teil, schreiben sich das Bruchstück der Nachricht auf und verstecken das Puzzle-Teil wieder. Vom Gruppenbegleiter erhält die Gruppe nun die nächsten Koordinaten. Bei mehreren Gruppen ist deshalb eine gut durchdachte Verteilung wichtig (z. B. Reihenfolge der Verstecke, Verteilung im Skigebiet, Gruppenkönnen etc.).
Nachdem die Gruppe die Verstecke abgefahren und die unterschiedlichen Teile der Botschaft gesammelt hat, enträtselt sie die Botschaft, indem sie die einzelnen Textteile zusammensetzt.

Da jede Gruppenbegleitung eine Übersicht der Verstecke dabei hat, ist es ihr möglich, die Gruppe bei Schwierigkeiten zu unterstützen. Mit Lösungsvorschlägen und Hilfen sollte sie sich zurückhalten und auch Irrwege und Rückschläge zulassen; diese sind „Schätze" bei der Reflexion.
Die Aktion ist kein Wettkampf der Gruppen. Der Anleitende muss darauf achten, dass trotz des Eifers der Gruppe Pausen gemacht werden und verantwortlich gefahren wird.

Lernimpulse/Transfermöglichkeiten:

- Leben braucht eine Perspektive und Ziele.
- Oft gibt es verschiedene Wege zum Ziel.
- Nicht alle Ziele sind von Anfang an klar, viele entstehen im Laufe des Lebens.
- Jesus gibt Orientierung und lässt uns trotzdem eigene Wege gehen.
- Umwege und Sackgassen sind Teil des Lebens.

Auswertungsmethode:

Die Auswertung kann durch die im Vorfeld instruierten Gruppenbegleiter direkt im Anschluss an die Auflösung erfolgen. Möglich ist bei größeren Gruppen auch die gemeinsame Auswertung, die dann am Abend, wenn alle wieder in der Unterkunft sind, durchgeführt wird.

Mögliche Impulsfragen sind:

- Wie viele Teile haben die Gruppen gefunden?
- Habt ihr/haben alle Gruppen alle Teile gefunden?
- Was hat euch bei der Suche unterstützt?
- Wann war das GPS-Gerät hilfreich, wann störend?
- Gab es unterschiedliche Strategien in der Gruppe, um zum Ziel zu kommen?
- Welche Ziele habt ihr in eurem Leben? Was tut ihr, um dort hin zu gelangen? Gelingt dies?
- Wer oder was gibt in eurem Leben die Richtung an?
- Spielt Jesus eine Rolle, wenn ihr an eure Lebensziele und Wege denkt? Welche?
- Was haltet ihr von dem gefundenen Vers: „Befiehl dem Herrn deine Wege und hoffe auf ihn, er wird's wohl machen"? Habt ihr das schon so erlebt?
- Welchen Gedanken/Denkanstoß möchtet ihr aus dieser Übung mitnehmen?

Varianten:

Um die Schwierigkeit zu erhöhen, können die Zielkoordinaten von der Gruppe ermittelt werden. Dies kann beispielweise mit mathematischen Formeln oder Rätseln geschehen, für die von den Teilnehmenden zusätzliche Informationen gesammelt werden müssen (siehe S. 44).

Beispiel mit fiktiven Koordinaten:

Punkt 1: N 12° 34,567
E 890° 98,765.
Ihr steht jetzt auf einem Berggipfel. Wie heißt der Gipfel?
Die Anzahl der Buchstaben ist A.

Punkt 2: Fahrt auf der blauen Piste (Nr. 2) ins Tal. Auf halber Strecke macht die Piste eine Kurve um mehrere große Bäume. Die Anzahl der Bäume ist B.

Punkt 3: Wie groß ist der Höhenunterschied zwischen dem Gipfel und der Talstation? C ist die Hälfte des Höhenunterschiedes.

Punkt 4: N 12° 43,210
E 891° 23,456
Hier steht eine Werbetafel. Welche Firma wirbt für ihre Artikel?
Die Lösung ist D.
Atomic – 12
Fischer – 23
Salomon – 34

Versteck 1: N 12° (A^2),210
E (C*D)° 23,(D*A+B)

PERSPEKTIVEN UND ZIELE FINDEN

DRINNEN
ODER
DRAUSSEN

Autor: Jörg Wiedmayer

Die magischen Nägel

ART DER ÜBUNG	Kooperation
GRUPPENGRÖSSE	6–20 Personen
DAUER	ca. 30 Min.
GELÄNDE	Indoor, Halle, ebene Freifläche, Wald
MATERIAL	Übergroße Nägel aus Holz (ca. 1 m lang), Augenbinden, Gehörschutz „Micky Maus", Kreppband

Aufbau:

Wenn die Übung im Wald oder auf der Wiese durchgeführt wird, kann der senkrechte Nagel zuvor im Boden befestigt werden. Ist dies nicht möglich, weil der Boden zu hart ist, kann der Nagel auch von einem Teilnehmenden die ganze Zeit festgehalten werden.

Instruktion:

Ziel dieser Aktion ist es, mehrere überdimensionale Holznägel auf dem Nagelkopf eines einzelnen, senkrecht fest im Boden verankerten Nagels balancierend zu platzieren. Nur der senkrechte Nagel darf den Boden berühren. Die anderen Nägel sollen frei auf dem senkrechten Nagel balancieren. Für die Dauer der Aufgabe bekommt jeder von euch eine besondere Rolle aus einem Bibeltext (1. Korinther 12). Auf Grund dieser Rollen habt ihr besondere Handicaps.

Es gibt folgende Rollen, die den Teilnehmenden zugeteilt werden und je nach Gruppengröße mehrmals vergeben werden.

Körperteil	sehen	sprechen	hören	sonstige Einschränkung	Material
Auge	✓	✓	–		Gehörschutz
Ohr	–	✓	✓		Augenbinde
Kopf	✓	✓	✓	darf keine Hände benutzen	eventuell Hände mit Kreppband leicht fixieren
Fuß	✓	–	✓	darf nur eine Hand benutzen	eventuell Hand mit Kreppband leicht fixieren
Hand	✓	–	✓		

Diese Rollen gelten von Anfang an und somit ebenfalls für die Planungsphase. Jeder von euch, mit Ausnahme des „Kopfes", bekommt zu Beginn einen Nagel. Dieser darf fortan ausschließlich von der jeweiligen Person berührt werden. In einer Planungsphase könnt ihr die Aufgabe besprechen. Bei Nichteinhalten der Regeln muss von vorne begonnen werden.

Lernimpuls(e):

In 1. Korinther 12 beschreibt Paulus das bekannte Bild vom Körper und seinen Teilen: Niemand hat seine Fähigkeiten für sich allein. In den Versen 12 und 14 heißt es: „Der Körper des Menschen ist einer und besteht doch aus vielen Teilen. Aber all die vielen Teile gehören zusammen und bilden einen unteilbaren Organismus. So ist es auch mit Christus, mit der Gemeinde, die sein Leib ist. Ein Körper besteht nicht aus einem einzigen Teil, sondern aus vielen Teilen."

(Gute Nachricht Übersetzung)

Ein Team stellt im Sinne des Bibeltextes ein „Ganzes" dar, das aus einzelnen Personen mit unterschiedlichen Gaben und Fähigkeiten besteht. Jeder ist auf seine Art und mit seiner Begrenzung wertvoll und wichtig und hat seine Funktion für das Ganze. Die einzelnen Personen sind aufeinander angewiesen und füreinander verantwortlich. Jeder ist herausgefordert, sich mit seinen von Gott gegebenen Fähigkeiten und Gaben zum Wohle des Ganzen einzubringen. Schön ist, wenn alle auf ein gemeinsames Ziel hinarbeiten und jeder etwas beitragen kann. Entscheidend ist auch die Wahrnehmung und Wertschätzung der Anderen um mich herum.

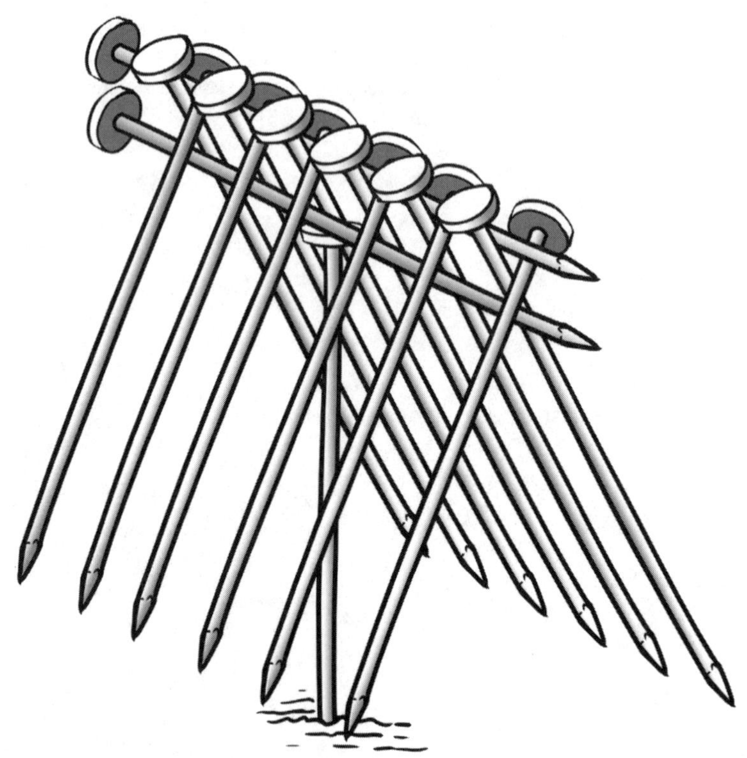

Auswertungsmethode:

Den Text aus 1. Korinther 12,12-27 vorlesen und die Teilnehmenden um Rückmeldung zu ihren gemachten Erfahrungen bitten:

- Was hat zum Gelingen der Übung beigetragen? Was hat es erschwert?
- Wie bist du mit deiner Rolle zurecht gekommen?
- Welchen Beitrag zum Gelingen konntest du aufgrund deiner Rolle einbringen? Wofür warst du wichtig?
- Inwieweit lässt sich die für die Lösung der Aufgabe notwendige Balance in der Aufgabenverteilung der Gruppe wiederfinden?
- In welchen Gruppen (z. B. Freizeit-Mitarbeitendenteam) habt ihr schon Entsprechendes erlebt?
- Inwiefern lassen sich Erfahrungen aus der Übung in den Alltag übertragen?
- Empfindest du deine Gemeinde/Jugendwerk etc. als ein Ganzes, bei dem alle gleich wichtig sind?
- Wie würde sich die Aufgabe gestalten, wenn alle die gleiche Rolle und Position einnehmen wollen?

Wenn die Aufgabe nicht geklappt hat:

- Warum ist die Übung misslungen?
- An welcher Stelle war die Herausforderung zu groß?
- Wo habe ich ein ähnliches Scheitern in meinem Alltag oder z. B. in der Jugendarbeit schon erlebt?
- Die Gruppe kann gebeten werden, eine Skulptur nachzubilden, welche die Erfahrungen in der Übung aufnimmt bzw. symbolisiert.
- Eine Auswertung zu einzelnen Fragen kann veranschaulicht werden, indem die Teilnehmenden sich entlang eines Zahlenstrahles aufstellen oder sich in einer imaginären Zielscheibe entsprechend positionieren.

Varianten:

- Bei der Auswertung die einzelnen Rollen (Hand, Auge etc.) im Text (1. Korinther 12,12-27) durch Aufgaben oder Namen aus dem realen Leben ersetzen, z. B. Vers 21: Der Vorsitzende kann nicht zum Rechner sagen: „Ich brauche dich nicht“ usw.
- Oder im Sinne einer Fußballmannschaft: Der Torwart kann nicht zum Stürmer sagen: „Ich brauche dich nicht”.
- Die Rollen können von den Teilnehmenden frei ausgesucht werden.

Autor: Jörg Wiedmayer

Arbeitsteilung

ART DER ÜBUNG	Kooperation
GRUPPENGRÖSSE	5–10 Personen
DAUER	15–20 Min.
GELÄNDE	Indoor
MATERIAL	Puzzle mit ca. fünf Puzzleteilen je Teilnehmenden, Augenbinden

Aufbau:

Der Anleitende sollte ein einfaches Puzzle wählen, das jedem Teilnehmenden ca. drei bis fünf Teile bietet. Für die Gruppe wird eine Zeit festgelegt, in der die Aufgabe bewältigt werden soll. Je Teilnehmendem beträgt die Zeit etwa zwei Minuten. Ein bis zwei Personen bekommen keine Augenbinde und keine feste Rolle zugewiesen.

Instruktion:

Ihr sollt bei der folgenden Aufgabe versuchen, ein Puzzle in einer vorgegebenen Zeit gemeinsam zusammen zu legen. Bis auf zwei bis drei Personen werden dabei alle blind sein. Ein Sehender wird von euch als Verantwortlicher für die Aufgabe festgelegt. Er ist für die Lösung der Aufgabe zuständig und kann unter anderem die Tätigkeiten der Blinden koordinieren. Jeder Blinde hat bis zu fünf eigene Puzzleteile vor sich, die aber nur von ihm allein in der vorgegebenen Zeit berührt werden dürfen. Die Augenbinden dürfen nicht abgenommen werden. Das Puzzle darf vorher nicht betrachtet werden. Zu Beginn habt ihr eine Besprechungszeit von maximal fünf Minuten. Werden die Regeln nicht beachtet, gilt die Aufgabe als nicht geschafft.

Verlauf:

Die Aufgabe kann verschieden ablaufen: Entweder der Verantwortliche schafft es allein, den Blinden innerhalb des Zeitlimits die richtigen Stellen der Puzzleteile zuzuweisen oder er bezieht die zusätzlichen Helfer ein und überträgt ihnen Verantwortung, so dass sie die Herausforderung gemeinsam angehen. Im Vorfeld kann die Frage auftauchen, ob die Teilnehmenden, die ohne direkte Aufgabe geblieben sind, den Blinden auch helfen dürfen. Der Anleitende kann darauf hinweisen, dass dies bei der Instruktion nicht ausdrücklich untersagt wurde, sie also durchaus aktiv zur Aufgabe beitragen dürfen.
Die Aufgabe ist wohl dann besonders eindrücklich, wenn sie in der vorgegebenen Zeit nicht gemeistert wird. Ein Scheitern ist daher, was den Lerneffekt in Verbindung mit der Mose-Geschichte angeht, geradezu gewünscht. Die Aufgabe dient allerdings im Wesentlichen als Impulsgeber für die Auswertung und sollte daher nicht überbewertet und zu ehrgeizig angegangen werden.

Lernimpulse/Transfermöglichkeiten:

Wertvolle persönliche Lernimpulse aus der Geschichte:

- Es ist hilfreich, zielorientiert zu denken und Arbeitsabläufe bei Bedarf umzustrukturieren.
- Ich kann nicht alle Aufgaben allein lösen, sondern darf auch Verantwortung übertragen und mir helfen lassen.

- Es ist hilfreich, ab und zu Rat von Freunden zu einer Sache einzuholen.
- Ich darf meine von Gott geschenkten Gaben und Fähigkeiten gebrauchen und einbringen.
- Ich möchte Wichtiges und Dringendes unterscheiden und mir meine Zeiteinteilung nicht nur von dringenden Angelegenheiten diktieren lassen.
- Das Problem liegt nicht darin, nicht genug Zeit zu haben, sondern die Zeit effektiv und sinnvoll zu nutzen.
- Unsere Zeit ist von Gott geschenkt, sie steht in seinen Händen (Psalm 31,16). Er ist der Herr über Zeit und Ewigkeit. In Epheser 5,16 sagt Paulus: „Kauft die Zeit aus." Darum gilt es, verantwortlich mit der geschenkten Zeit umzugehen.

Auswertungsmethoden:

Bevor man in die Auswertung einsteigt ist es möglich, die Situation des Volkes Israel aus 2. Mose 18,1-27 zu erzählen (Neues Leben Übersetzung mit eigenen Ergänzungen):

Nach der Flucht aus Ägypten steht dem Volk Israel ein langer und steiniger Weg durch die Wüste bevor. Was Gott für das Volk Israel tut, spricht sich herum. Auch Jitro, der Schwiegervater Moses, hört davon und besucht ihn daraufhin. Am nächsten Tag setzt sich Mose hin, um dem Volk Recht zu sprechen und die Streitfälle zu klären. Die Israeliten stehen den ganzen Tag, von morgens bis abends, bei ihm. Als Moses Schwiegervater sieht, wie viel Mose zu tun hat, sagt er: „Was machst du dir da für eine Mühe? Die Leute stehen den ganzen Tag hier,

damit du ihre Streitfälle klärst." Jitro beobachtet also die Situation erst mal von außen und fragt dann kritisch nach: „Warum musst du das alleine tun?" Mose antwortet: „Sie kommen zu mir, wenn sie einen Streitfall haben, damit ich zwischen ihnen schlichte und ihnen Gottes Anweisungen mitteile." Als oberster Chef des Volkes hat Mose den direkten Draht zu Gott, er ist der Mittler. Ihm ist es wichtig, seinen Leuten zu sagen, was Gott zu den Streitigkeiten denkt. Aber Jitro sieht das etwas anders. „Das, was du da tust, ist nicht gut", wendet er ein. „Du reibst dich sonst noch auf – und auch für das Volk ist das zu anstrengend. Diese Aufgabe ist zu schwer, als dass du sie allein bewältigen könntest." Jitro nimmt kein Blatt vor den Mund, sondern erkennt die Schwierigkeiten genau. So wie sein Schwiegersohn die große Verantwortung angeht, wird ihm alle Kraft geraubt. Er schafft es allein gar nicht, die vielen Streitfälle zu lösen. „Nimm einen Rat von mir an", fährt Jitro fort. „Bleib du weiterhin der Stellvertreter des Volkes Gott gegenüber. Aber wähle ein paar fähige, gottesfürchtige und zuverlässige Männer aus. Ernenne diese dann zu Richtern über das Volk und übertrage ihnen die Verantwortung für jeweils 1.000, 100, 50 und zehn Leute. Diese Männer sollen dem Volk Recht sprechen und die einfachen Streitfälle schlichten. Mit allen wichtigen und schwierigen Rechtsfragen sollen sie jedoch zu dir kommen. Verschaffe dir doch Erleichterung, indem sie dir ein Stück deiner Last abnehmen. Wenn du diesen Rat befolgst, wird dir die Aufgabe nicht über den Kopf wachsen und alle diese Menschen werden befriedigt nach Hause gehen." Durch die Umsetzung der guten Idee wird die Last leichter: Mose lässt andere mittragen und delegiert machbare Aufgaben an verantwortungsvolle Helfer. Diese Lösung entspricht Mose. Dem Volk ist dann am besten gedient, wenn Mose seine Fähigkeiten einbringen kann. Schlecht gedient ist dem Volk hingegen dann, wenn Mose Dinge tut, die andere viel besser tun können. Kurze Zeit später kehrt Jitro in sein Land zurück. Es war ein Besuch, der das Leben Moses entscheidend veränderte. Diese Art der Beratung, der Supervision, war Gold wert, denn sie verschaffte ihm wieder mehr Zeit für die wesentlichen Aufgaben: die Führung des Volkes und die Begegnung mit Gott.

Auch in Apostelgeschichte 6,1-6 wird berichtet, wie Aufgaben aufgrund der Überforderung der ersten Apostel neu verteilt werden.

Als niederschwelliger Einstieg für eine sich anschließende Kleingruppenphase eignet sich folgende Methode:
Mit einem Seil wird auf dem Boden eine „Skala" ausgelegt, anhand derer sich alle Teilnehmenden zu den nachfolgenden Fragen aufstellen können. Das eine Ende des Seils steht für „volle Zustimmung", das andere Ende für „geringe Zustimmung". Je nachdem, wie stark die Zustimmung der Teilnehmenden ist, positionieren sie sich entlang des Seils. Zu den jeweiligen Aussagen können einzelne Teilnehmende vom Anleitenden gefragt werden, wieso sie sich entsprechend positioniert haben.

- Ich war mit meiner Rolle in der Übung völlig zufrieden.
- Es fiel mir leicht, mich auf meine Aufgabe einzulassen.
- Die Anforderung der Aufgabe an die Gruppe war zu hoch.
- Ich hätte gerne mehr Verantwortung übernommen.
- Ich habe mich von der Zeitvorgabe innerlich unter Druck setzen lassen.

Kleingruppenphase:

Durch die Übung können unterschiedliche Themen zur Sprache kommen: Zeitmanagement, Umgang mit Verantwortung, gabenorientiertes Arbeiten etc. In der Gruppenphase kann nun eine Vertiefung und Fokussierung stattfinden. Eventuell ist es sinnvoll, sich auf einen Schwerpunkt zu konzentrieren und diesen gemeinsam zu besprechen. Die Fragen können helfen, sich dem Thema anzunähern. Es ist denkbar, die Fragen auch auf einen speziellen Bereich zu beziehen, der die Teilnehmenden gemeinsam betrifft (z. B. Jungschararbeit).

- Fallen mir Bereiche meines Lebens ein, für die ich mir zu wenig Zeit nehme?
- Möchte ich die Prioritätenliste meines Lebens neu überdenken?
- Lass ich mir von äußeren Umständen/anderen Menschen meine Zeiteinteilung aufzwingen?
- Habe ich jeden Tag eine Stille Zeit mit Gott? Lese ich regelmäßig sein Wort und bete ich?
- Gibt es alltägliche Herausforderungen in meinem Leben, die mich zu überfordern drohen?
- Habe ich gute Freunde, die ich zu Problemen um Rat fragen kann?
- Worin besteht der Unterschied zwischen Wichtigem und Dringendem? Kann ich in meinem Leben beides voneinander unterscheiden?
- Arbeite ich unter Druck am besten? Wieso ist das so? Passiert mir das häufiger?
- Kenne ich meine von Gott gegebenen Gaben und Fähigkeiten? Habe ich Möglichkeiten sie entsprechend einzusetzen (z. B. in der Gemeinde)?
- Macht es mir Freude, Verantwortung für Aufgaben bzw. für andere Menschen zu übernehmen?

Varianten:

Die Aufgabe nach der Auswertung ein zweites Mal durchführen und sehen, was sich verändert.

VERTRAUEN
ENTWICKELN

Autoren: Oliver Bisanz, Karin und Uwe Roth

belastet – befreit

ART DER ÜBUNG	Wahrnehmung, Vertrauen
GRUPPENGRÖSSE	8–15
DAUER	30–60 Min.
GELÄNDE	Indoor/auf ebener Freifläche
MATERIAL	Isomatte o. Ä.

Aufbau:

Die Isomatte wird in der Mitte auf den Boden gelegt. Es muss darauf geachtet werden, dass sich die kräftigeren Teilnehmenden an den unten angegebenen Positionen befinden. Obwohl kein körperlicher Schaden entstehen kann, wäre der Schreck für den Teilnehmenden, sollte er fallen gelassen werden, negativ und sollte unbedingt vermieden werden.

Instruktion:

Wir wollen jetzt jedem von euch Gelegenheit geben, hier eine außergewöhnliche Erfahrung zu machen. Manche von euch wird sie möglicherweise einige Überwindung kosten, anderen wird sie vielleicht auch sehr leicht fallen. Ihr braucht keine besonderen Fähigkeiten hierfür. Darum kann jeder gut teilnehmen. Es geht bei der Übung darum, einmal auf ganz ungewöhnliche Weise zu erleben, wie es uns manchmal im Leben geht, wenn uns etwas sehr belastet, wenn uns etwas das Leben richtig schwer macht.
Und dann erleben wir aber manchmal, wie sich die Last auflöst, wie sie verschwindet und alles für uns plötzlich wieder ganz leicht und unbeschwert wird. Und diese Unbeschwertheit ist eine sehr schöne Erfahrung. Aber erst durch den „schweren" Beginn wird es eine wirklich „eindrückliche" Erfahrung. Damit derjenige, der gerade an der Reihe ist, sich ganz auf das konzentrieren kann, was er gerade erlebt, werden wir alle ganz still sein. Das ist wichtig, damit keine Unruhe aufkommt und der, der gerade dran ist, die Übung mit allen Sinnen erfahren kann.

Einer von euch darf sich gleich auf diese Matte legen und die Augen schließen. Wir anderen verteilen uns außen um die Matte. Dabei sollten die Kräftigeren von euch sich auf der Höhe des Kopfes, der Schultern und des Beckens aufstellen. Nun knien wir uns hin und legen unsere Hände auf die Person auf der Matte, und zwar am Kopf, auf die Stirn, auf die Schultern, die Arme und Beine, auf den Bauch und bei Männern/Jungen auch auf die Brust. Nun geben wir Druck auf unsere Hände. Achtet darauf, dass ihr euch in die Person auf der Matte hineinversetzt, damit der Druck für ihn eine deutliche Last wird. Das darf ruhig unangenehm sein, sollte aber auf keinen Fall weh tun. Die Person auf der Matte darf sonst deutlich „Stopp" sagen, wenn der Druck zu stark wird. Das sollte aber nicht nötig sein. Wenn ich nicke, lassen wir den Druck ausklingen und schieben unsere Hände vorsichtig unter die Matte. Auf mein Nicken hin heben wir die Person gemeinsam auf unsere Schulterhöhe an. Nach einigen Momenten können wir sie langsam ein kleines Stück vor und zurück schwingen lassen und verlieren dabei immer mehr an Höhe, bis sie wieder ganz am Boden liegt. Nach einigen Momenten des Nachspürens darf die Person die Augen wieder öffnen. Dann können wir wechseln, bis alle, die wollen, einmal dran waren.

Verlauf:

Ein Teilnehmender legt sich mit dem Rücken auf die Decke/auf den Boden und schließt die Augen. Die anderen Teilnehmenden verteilen sich um den Liegenden herum und knien sich neben dem Liegenden auf den Boden. An dieser Stelle kann der im Abschnitt „Reflexion" vorgeschlagene Bibelvers gesprochen werden. Die kräftigsten Teilnehmenden sollten sich an den Schultern und auf Beckenhöhe befinden. Sie legen ihre flachen Hände auf den Körper (Stirn, Arme, Beine, Schultern, bei Männern ganzer Oberkörper, bei Frauen Bauch) und drücken ihn deutlich, aber auch nicht zu kräftig, nach unten auf die Matte.

Wenn der Druck einige Zeit aufgebaut ist (der Anleitende zählt still für sich langsam auf 10 und gibt dann ein stummes Nicken als Signal), wird der Druck zurückgenommen. Die Teilnehmenden schieben ihre Hände vorsichtig unter den Liegenden und heben ihn langsam gemeinsam über die Matte. Nun kann der Teilnehmende sanft nach vorne (Richtung Kopf) und nach hinten (Richtung Füße) gewiegt werden. Ein paar Zentimeter reichen bereits aus, um das Gefühl vom Fliegen entstehen zu lassen.

Nach einiger Zeit (auf 10 zählen) den (F)Liegenden wieder sanft nach vorne und hinten schwingend auf der Matte ablegen. Nach einem Moment des Ankommens wird gewechselt. Hierzu dürfen sich Teilnehmende melden, die gerne an die Reihe kommen möchten. Durch ein Nicken des Anleitenden wird die Reihenfolge entschieden. Wenn einzelne Teilnehmende unruhig werden oder anfangen

zu reden, versucht der Anleitende zunächst, sie mit deutlichen Blicken oder Gesten an die Vereinbarung zu schweigen, zu erinnern. Falls dies nicht ausreicht, müssen die Teilnehmenden verbal ermahnt werden und ggf. Konsequenzen gezogen werden. Dasselbe gilt für die übrigen benannten Regeln.

Es ist gut, wenn alles mit Gesten geregelt werden kann, da so das Erleben des Teilnehmenden nicht gestört wird. Auch der Wechsel kann ohne Worte geschehen. Je nach Gruppe kann das Schweigen durch leise Musik unterstützt werden. Teilnehmende, die im Vergleich zu den anderen Teilnehmenden schwer sind, scheuen sich oft, sich für die Übung zu melden. Hier ist es hilfreich, dass alle zunächst gute Erfahrungen mit normalgewichtigen Teilnehmenden sammeln, dann können sie besser einschätzen, ob sie auch einen schwereren Teilnehmenden gut bewältigen können. Der Anleitende kann hier die Entscheidung durch Rat und Ermutigung erleichtern. Selbstverständlich soll niemand gegen seinen ausdrücklichen Willen überredet oder durch Gruppendruck gezwungen werden. Bei extremem Übergewicht ist es der Gruppe manchmal nicht möglich, den Teilnehmenden gut anzuheben. Ein Scheitern sollte durch gutes Abwägen des Anleitenden vermieden werden.

Für Jugendliche kann die Übung meist nur in geschlechtsgetrennten Gruppen durchgeführt werden, da Körperkontakt in diesem Alter häufig mit Unsicherheit, Scham oder Angst verbunden ist. Dies wird dann in der Regel durch Albernheit oder Coolness überspielt – beides hat in dieser Übung keinen Raum. In Jugendgruppen, die miteinander sehr vertraut sind und einen fairen Umgang miteinander gewohnt sind, kann die Übung auch gemeinsam durchgeführt werden.

Lernimpulse/Transfermöglichkeiten:

Die Übung kann auf mehreren Ebenen ausgewertet werden. Zum einen spricht sie die Teilnehmenden auf besonders belastete Momente in ihrem Leben an. Dies werden überwiegend Momente sein, die sie früher erlebt haben, möglicherweise auch Situationen, in denen sie ganz aktuell stehen. Denkbar sind jedoch auch Situationen, die die Teilnehmenden auf sich zukommen sehen, wie z. B. anstehende Prüfungen. Auf dieser Ebene kann in der Reflexion darauf eingegangen werden, welche Belastungen die einzelnen Teilnehmenden für sich sehen. Allein schon zu wissen, dass es den anderen Menschen auch nicht immer gut geht, dass sie auch Belastungen, vielleicht sogar denselben Belastungen ausgesetzt sind wie man selbst, ist gut. Dies kann trösten und oft auch einzelne Teilnehmende oder auch ganze Gruppen zusammenschweißen. Dann ist es natürlich auch hilfreich, darauf einzugehen, was dazu geführt hat, dass die Belastung verschwunden ist. Was hat wirklich geholfen, getröstet, befreit? Im Anschluss kann auf die nächste Reflexionsebene gegangen werden.

Auf der nächsten Ebene können die Teilnehmenden sich über ihre eigenen Erfahrungen mit dem Glauben in belasteten Situationen austauschen. Was hat mir hier geholfen? Was hat hier dafür gesorgt, dass das Schwere verschwunden ist? Wie ging es mir, bevor ich das erlebt habe? Was hätte mir dort geholfen? Auch hier ist es hilfreich für die einzelnen Teilnehmenden, die Erlebnisse der anderen zu erfahren. Da dies eine große Offenheit und Vertrauen in der Gruppe voraussetzt, muss der Anleitende vorher gezielt überlegen, welche der unten genannten Methoden er hierfür einsetzen will. Wenn dies gut gelingt, können einzelne Teilnehmende sehr betroffen von ihren Erlebnissen berichten. Diese Emotionen müssen entsprechend aufgefangen werden. Wenn sich der Anleitende dies nicht zutraut, sollte er die Übung nicht einsetzen.

Auswertungsmethode:

Die ersten Eindrücke werden in einer offenen Runde geäußert: „Was waren die deutlichsten Eindrücke in dieser Übung für euch?"

Sollte die Gruppe sich noch nicht so gut kennen, kann eine feste Struktur hierfür vorgegeben werden, z. B. jeder benennt in einer Runde mit einem Satz sein Erleben in der ersten Phase, dann in einer zweiten Runde sein Erleben in der zweiten Phase der Übung. Daran anschließend kann der Anleitende durch Nachfragen den Austausch vertiefen (z. B. „Was hast du gedacht, als...? Was hat dir besonders gut gefallen? Warum? Gibt es eine Situation in deinem Leben, an die dich ... erinnert?"). Gut geeignet für diese ruhige Übung ist auch ein „Stummes Gespräch": Es werden zwei Plakate ausgelegt: 1. Plakat: „Was belastet mich, was lastet schwer auf mir?", 2. Plakat: „Was nimmt mir die Last ab, was erleichtert mich?" Mit Stiften schreibt nun jeder seine Gedanken dazu auf die Plakate. Beiträge von anderen können auch schriftlich kommentiert werden – aber alles ohne zu reden. Im Anschluss kann in der Großgruppe das Gespräch auf die Glaubensebene geführt werden, falls diese im stummen Gespräch noch nicht aufgetaucht ist.

Die Ebene der Glaubenserfahrung kann gut durch die Verse aus Matthäus 11,28-30 eingeleitet werden: „Kommt alle zu mir; ich will euch die Last abnehmen! Ich quäle euch nicht und sehe auf niemand herab. Stellt euch unter meine Leitung und lernt bei mir; dann findet euer Leben Erfüllung. Was ich anordne, ist gut für euch, und was ich euch zu tragen gebe, ist keine Last" (Gute Nachricht). Dies kann auch schon als Frontloading, als Herausforderung des Anleitenden an die Gruppe, direkt vor Beginn der Übung bzw. zu jedem Wechsel geschehen. Dies lenkt die Aufmerksamkeit der Teilnehmenden gleich zu Beginn auf das Thema, was sie mit Gott in schwierigen Situationen in ihrem Leben bereits erlebt haben. Wenn diese Fokussierung nicht gewünscht ist, kann der Spruch erst im

Verlauf der Reflexion im Anschluss an die allgemeinen Eindrücke der Teilnehmenden angebracht werden.

Da es sich um sehr tiefe Erfahrungen handelt, die hier angesprochen werden, ist in manchen Gruppen eventuell auch ein Austausch in vertrauten Zweiergruppen sinnvoll. Hier können die Teilnehmenden Fragen an die Hand bekommen, z. B. „An welche Situation in eurem Leben hat euch die Erfahrung erinnert? Was hat euch damals geholfen? Oder was hätte euch geholfen?"

Varianten:

Für das Anheben kann auch eine Decke verwendet werden. Dies verringert den Körperkontakt für Gruppen, die sich hiermit sehr schwer tun. Es können sich auch mehr Menschen am Anheben beteiligen, falls es sehr schwere Teilnehmende gibt.

Autor: Jörg Wiedmayer

Der gute Hirte

ART DER ÜBUNG	Vertrauen, Problemlösung
GRUPPENGRÖSSE	6–12 Personen, bei mehr Teilnehmenden zwei Gruppen machen
DAUER	ca. 20–40 Min.
GELÄNDE	Indoor, Halle, Wald, ebene Freifläche
MATERIAL	Augenbinden, Seil (ca. 10 m), Auswertungskärtchen

Aufbau:

Der Anleitende legt mit dem Seil ein Rechteck (ca. 2 m x 3 m), das als Schafstall fungiert und eine ca. 1 m breite Öffnung (Stalltür) hat.

Instruktion:

Ihr seid bei dieser Übung Schafe, die in die Irre gelaufen sind und von dem Hirten in den Stall gelotst werden sollen. Ihr bekommt nachher die Augen verbunden und werdet vom Spielleiter um den Stall verteilt aufgestellt. Ein Teilnehmender wird dann vom Leitenden zum Hirten bestimmt (ohne dass die Anderen dies bemerken) und bekommt die Augenbinde abgenommen. Der Hirte darf sich nun eine günstige Position außerhalb des Stalls aussuchen, von der er sich fortan nicht mehr wegbewegen darf. Von dort aus soll er die Schafe einzeln und nacheinander durch die Tür in den Stall dirigieren. Der Hirte soll die Schafe nicht berühren, und die Schafe sollen sich gegenseitig auch nicht berühren. Die Schafe sollen sich nicht von alleine „auf den Weg“ machen, sondern warten auf die persönliche Ansprache durch den Hirten.
Um die Aufgabe zu lösen, dürft ihr euch nur nonverbal verständigen (z. B. klatschen, stampfen, pfeifen). Damit die nötigen Kommandos ausgemacht werden können, habt ihr zu Beginn 15 Min. Planungszeit. Ihr solltet dabei darauf achten, dass jeder zum potentiellen Schäfer werden kann.

Verlauf:

Die Gruppe wird sich schnell die Kommandos überlegen wollen, um die Schafe dirigieren zu können. Der Reiz der Aufgabe liegt unter anderem darin, dass vorab nicht bekannt ist, wer der Hirte sein wird. Deshalb ist es wichtig, dass jeder die Kommandos beherrscht. Die Planungsphase ist hierbei von entscheidender Bedeutung. Die Gruppe sollte sich genug Zeit nehmen.

Die Schafe müssen durch die Tür den Stall betreten. Falls dies einmal nicht gewährleistet ist, sollte eingegriffen werden. Wenn die Aufgabe total schief läuft, kann der Gruppe eine erneute Planungsphase angeboten werden, um die Absprachen zu verbessern.

Die Wahl des Hirten sollte wohl überlegt erfolgen, denn der Leitende kann dadurch den Gruppenprozess mit beeinflussen. In der Planungsphase kann der Leitende beobachten, wen er auswählen möchte. Gerade für etwas zurückhaltende Teilnehmende kann die verantwortungsvolle Aufgabe des Hirten eine Chance darstellen.

Lernimpulse/Transfermöglichkeiten:

Jesus spricht im Neuen Testament von sich als dem guten Hirten, der seine Schafe mit Namen kennt. Seine Schafe hören seine Stimme, sie folgen ihm. Jesus ist die Tür; alle die durch die Tür hineingehen, werden gerettet. Auf ihn kann man sich blind verlassen. Auch im Alten Testament taucht das Bild des Hirten und der Schafe, nicht nur im bekannten Psalm 23, immer wieder auf (siehe Auswertungskarten S. 67). Gott wird darin als guter, fürsorglicher Hirte vorgestellt. Er gibt uns Orientierung, er verlässt uns auch im finsteren Tal nicht, wenn unsere Schritte unsicher werden, wenn der Weg steil wird und uns Angst befällt.

Menschen scheitern oft genug an der Aufgabe, gute Hirten zu sein und der ihnen übertragenen Verantwortung gerecht zu werden (Gemeinde, Jugendarbeit etc.). Die Übung kann als Chance genutzt werden, um über die Wichtigkeit dieser Aufgabe nachzudenken.

Auswertungsmethode:

- Die Stärke der Übung liegt in den starken, persönlichen Erfahrungen der Einzelnen. Der Schwerpunkt der Auswertung sollte daher bei den subjektiven und weniger bei den gruppenspezifischen Erfahrungen liegen. Die Schafe und der Hirte berichten ausführlich, wie es ihnen bei der Übung jeweils ergangen ist. Als Einstieg können die aufgelisteten Verse auf Kärtchen ausgedruckt werden.

- Die Teilnehmenden suchen sich eines aus, das für sie persönlich passend ist und berichten im Plenum ihre Gedanken dazu. Sie können auch von ihren Glaubenserfahrungen mit Führung und Vertrauen berichten. Decken die sich mit den in der Übung gemachten Erlebnissen? An welcher Stelle kommt die Übung an ihre Grenzen?

- Denkbar ist auch eine anschließende, das Thema vertiefende Bibelarbeit. Eventuell ist es auch sinnvoll, sich vorab/danach mit der Arbeit eines Hirten auseinanderzusetzen, da diese Tätigkeit heute nicht mehr jedem bekannt sein dürfte. Für Jugendliche ist bei den Auswertungsbibelversen eine modernere Übersetzung vorteilhaft.

- Eine weitere Möglichkeit ist auch, sich vom Bild des Hirten Prinzipien guter Menschenführung abzuschauen. In Anlehnung an das unter „Links" angeführte Buch können sich Jugendleiter wertvolle Tipps zum Thema „Verantwortungsvolle Mitarbeiterführung" holen. Ein Austausch über die sieben nachfolgenden Punkte zeigt, wie man die Menschen führt, die einem anvertraut sind:
  1. Kenne immer genau den Zustand deiner Herde.
  2. Entdecke das Format deiner Schafe.
  3. Hilf deinen Schafen, sich mit dir zu identifizieren.
  4. Gewährleiste die Sicherheit deines Weideplatzes.
  5. Dein Stab, mit dem du führst.
  6. Dein Stecken, mit dem du korrigierst.
  7. Das Herz des Hirten – er liebt seine Schafe.

Auswertungskarten zum Download

Varianten:

Einfacher wird es, wenn vorab bekannt ist, wer der Schäfer ist.

Links:

Download der Auswertungskarten unter:
www.ejw-buch.de/shop/sinn-gesucht-gott-erfahren-2-103827.html

Das Hirtenprinzip. Sieben Erfolgsrezepte guter Menschenführung; Kevin Leman/William Pentak; Gütersloh 2005.
Die Erkenntnisse dieses Buches beruhen auf dem biblischen Bild vom Hirten, der sich um das Wohlbefinden seiner Herde sorgt.

Autor: Albrecht Schlierer

Gabenschachbrett

ART DER ÜBUNG	Kooperation
GRUPPENGRÖSSE	8–20
DAUER	20–30 Min.
GELÄNDE	Indoor, Halle, auf ebener Freifläche
MATERIAL	Teppich-Fliesen oder Pappen (Größe: ca. 30 cm x 30 cm, Anzahl: Teilnehmenden-Anzahl plus 2–3)

Instruktion:

Jede und jeder von euch kann ganz bestimmte Sachen ganz gut, jede und jeder hat Fähigkeiten, Kompetenzen, Gaben. Einige davon kennt ihr an euch ganz gut, andere sind nicht so stark entwickelt und sie sind dennoch in euch angelegt. Manche Gaben wünscht ihr euch vielleicht.
Was sind eigentlich Gaben? Was für Gaben gibt es überhaupt?

(Hier können Gaben von den Teilnehmenden genannt, nachgeschlagen oder auch von dem Anleitenden vorgestellt werden. Dabei sollen sowohl Gaben aufgezählt werden können, die an unterschiedlichen Stellen in der Bibel vorkommen (1. Kor. 12; Eph. 4, Röm. 12), aber auch Fähigkeiten wie „Zuhören können", „Kreativität", „Sportlich sein" etc.).

Jede und jeder von euch hat Gaben! Das Wort „Gaben" ist verwandt mit dem Wort „geben" und das hat einen guten Grund. Gaben sind uns von Gott gegeben. Sie sind in uns hineingelegt, damit wir sie mit anderen und für andere nutzbar machen. Im 1. Petrusbrief 4,10 steht: Dient einander mit den Fähigkeiten, die Gott euch geschenkt hat – jeder und jede mit der eigenen, besonderen Gabe! Dann seid ihr gute Verwalter der vielfältigen Gnade Gottes (Gute Nachricht Übersetzung).

Schreibt nun bitte eine Gabe von euch auf einen Kreppbandstreifen und klebt ihn auf die Unterseite einer Fliese. Legt die Fliese mit dem Kreppband nach unten auf den Stapel. Wenn alle ihre Fliesen abgelegt haben, werde ich sie mischen und als eine Art „Schachbrett" vor euch auslegen. Darunter befinden sich auch zwei bis drei leere Fliesen ohne Kreppband.
Ihr stellt euch nachher willkürlich auf eine der Fliesen. Das Ziel der Aufgabe ist es, dass jeder Teilnehmende zu seiner eigenen Fliese, zu seiner Gabe findet. Wie bei einem Schiebespiel dürft ihr euch nur auf freie, direkt benachbarte Felder bewegen – diagonales Laufen ist nicht erlaubt! Nur die freien Fliesen dürfen umgedreht werden, um die Gabe zu lesen. Anschließend werden sie wieder verdeckt abgelegt. Ihr sollt so zusammenarbeiten, dass jeder zu seiner Gabe kommt.

Verlauf:

Der Anleitende sorgt dafür, dass die Fliesen gut gemischt sind und dass je nach Größe der Gruppe 2–3 leere Fliesen darunter gemischt werden. Je mehr leere Fliesen vorhanden sind, desto leichter wird die Übung.

Lernimpulse/Transfermöglichkeiten:

- Ich brauche einen Freiraum, um zu meiner Gabe zu gelangen.
- Ich muss meinen Platz bisweilen auch verlassen, um einem anderen zu ermöglichen, dass er zu seiner Gabe findet.

- Ich lerne mich mit einer meiner Gaben zu identifizieren.
- Gaben wollen entdeckt werden.
- Ich finde einen Platz für meine Gabe und finde heraus, wo meine Gabe liegt.
- Eine Gabe ist etwas Schönes.

Auswertungsmethode:

In einer ersten Runde sollen die Teilnehmenden anhand ihrer Fliese sich gegenseitig ihre Gaben vorstellen. Daran kann sich eine Reflexion im Plenum anschließen.

- Wie erging es dir bei der Übung?
- Was war hilfreich? Was war schwierig?
- Wie beurteilst du die Zusammenarbeit in der Gruppe?
- Hast du dich an einer Stelle der Übung unwohl gefühlt?
- Was könnte der Verlauf der Übung mit dem Thema Gaben zu tun haben?
- Gibt es eine Parallele aus deinem Leben, an die du denken musstest?
- Welche Entdeckungen konntest du machen?
- Welche Schritte könntest du in deinem tatsächlichen Leben gehen, um deinen Gaben mehr Raum zu verschaffen?
- Was würdest du anderen hier raten?

Bei größeren Gruppen kann es sinnvoll sein, die Auswertung zunächst in Zweiergruppen zu machen und die Paarungen zu bitten, eine wichtige Erkenntnis in die Großgruppe einzutragen.

Varianten:

In der Hinführung zur Übung kann der Schwerpunkt auch auf die Gaben gelegt werden, die noch nicht so ausgeprägt sind: Gibt es nur Gaben, die ich bereits habe, oder kann ich mir auch Gaben „wünschen", die ich entwickle? Dabei soll es sich um eine Gabe handeln, von der ich glaube, dass sie in mir angelegt ist, die aber noch nicht besonders ausgeprägt ist, eine Gabe die ich gerne stärker entwickeln und stärker einsetzen möchte. In der Auswertung sollen die Teilnehmenden eine eigene Gabe auf ein Blatt notieren und zwei bis drei Maßnahmen festhalten, die sie ergreifen möchten, um der Gabe näher zu kommen.

Mögliche Erschwernisse:
nicht sprechen, Zeitlimit

Autor: Rainer Oberländer

Neue Wege gehen

ART DER ÜBUNG	Vertrauen, Kooperation
GRUPPENGRÖSSE	10–30 Personen
DAUER	20–30 Min.
GELÄNDE	Indoor in einem größeren Raum, Halle, auf geeigneter Freifläche
MATERIAL	Halb so viele stabile Holzrundstäbe wie Teilnehmende (ca. 1 m lang, Durchmesser mind. 6 cm) Kopien Bibeltext Josua 1,1-9 mit dem Gebet auf der Rückseite abgedruckt

Aufbau:

Es ist darauf zu achten, dass die Rundhölzer in aufrechter Körperhaltung, mit ausgestreckten Armen, in Hüfthöhe gehalten werden, um Rückenschäden zu vermeiden. Die Holzstäbe müssen auf jeden Fall das Gewicht der Person aufnehmen können, sonst kann es zu unerwünschten Folgen kommen. Beim Auf- und Abstieg kann gegebenenfalls geholfen werden. Der Abstand der haltenden Teams muss so gewählt sein, dass der Wanderer sicher über die Stäbe gehen kann.

Instruktion:

Ich will euch bei der folgenden Übung auf einen neuen Weg einladen. Ihr sollt spüren, wie es ist, wackelige Wege zu beschreiten. Stellt euch dazu bitte in einer Gasse auf, dass jede und jeder ein Gegenüber hat. Zu zweit braucht ihr nun immer einen Rundstab. Haltet diesen mit beiden Händen konzentriert in Hüfthöhe fest, so dass eine Art waagrechte Leiter entsteht. Den Abstand zwischen den Rundstäben wählt ihr bitte so, dass alle sicher über die Leiter gehen können.
Ihr sollt nun einer Person ermöglichen, von einer Seite auf die andere zu kommen, das heißt der „Wanderer" begibt sich auf diesen wackeligen Pfad. Dabei darf er sich auf den Köpfen der Haltenden abstützen, um seine Balance aufrechtzuerhalten. Schwieriger wird die Aufgabe, wenn ihr versucht ohne diese Hilfestellung auszukommen. Die haltenden Personen dürfen sich nicht bewegen. Wenn eine Person über den wackeligen Pfad gegangen ist, ersetzt sie eine haltende Person und ermöglicht so einen fortwährenden Durchlauf, bis alle die Position des Wanderers einnehmen konnten. Der Gang über den wackeligen Weg ist sicher für jede und jeden von euch eine tolle Erfahrung. Ihr sollt aber für euch selbst frei entscheiden, ob ihr darüber gehen wollt.

Zu Beginn jedes Durchgangs sprechen wir gemeinsam: „Ich lasse dich nicht fallen."

Verlauf:

Möglicherweise muss erst eine Person ermutigt werden, sich auf den wackeligen Weg zu begeben, bevor andere das auch wagen. Für die Gruppe und auch für jede einzelne Person ist es sicherlich gut, wenn alle den Weg wagen. Das Prinzip der Freiwilligkeit soll aber dabei nicht außen vor bleiben, sondern deutlich angesprochen werden. Wer den wackeligen Weg nicht wagt, macht zumindest die Erfahrung, einer anderen Person Halt zu geben.

Die Gruppe muss unbedingt auf absolute Verlässlichkeit eingeschworen werden. Die Übung verlangt die Präsenz und die tatkräftige Unterstützung aller Beteiligten. Wenn einzelne Gruppenmitglieder das Gewicht einer Person nur kurz halten können, müssen die Abstände der Stäbe zueinander kleiner gewählt werden.

Lernimpuls/Transfermöglichkeiten:

- Ich kann mich auf Andere verlassen.
- Auch wackelige Wege bieten Halt und führen zum Ziel.
- Neue Wege ermöglichen neue Erfahrungen.
- Ich kann es wagen, wackelige Wege zu beschreiten und erfahre dabei Unterstützung.
- Gott bietet mir seine Unterstützung an und lädt mich immer wieder auf abenteuerliche Wege ein.
- Ich kann Anderen Halt geben.

Auswertungsmethode:

Ein neuer Wegabschnitt unseres Lebens steht an. Eine neue Aufgabe wartet auf uns. Wir verlassen den sicheren Boden des Gewohnten und begeben uns auf einen unsicheren Weg. Das hat auch Josua erlebt. Mit allen Gefühlen eines Neuaufbruchs: Angst, Unsicherheit, Neugier, Mut, Herzklopfen, Freude.

Ich lade euch ein, gemeinsam einen Text aus dem Josuabuch zu lesen und dem nachzuspüren, wo der Text sich mit eurer Erfahrung als „Wanderer", möglicherweise auch mit eurer Lebenssituation, verbindet. Wir lesen Josua 1, 1-9. Dazu liegen Kopien des Textes bereit, denn wir wollen es nicht beim Lesen belassen. Nachdem wir nun den Text gelesen haben, bitte ich euch, ihn nochmals für euch alleine zu lesen und darauf zu achten, wo euch Worte und Sätze berühren, die mit dem eben Erlebten in Zusammenhang stehen. Bitte unterstreicht ein Wort, mehrere Worte oder einen Satz, der euch anspricht, wenn ihr an die Übung denkt.

Bitte nennt doch euren Satz, euer unterstrichenes Wort und erklärt, weshalb ihr gerade das gewählt habt und worin die Verbindung zum „Wanderer" liegt.
Gibt es auch eine Verbindung zu eurer aktuellen Lebenssituation? Wo ermutigt euch die Übung des Wanderers oder/und der Text für herausfordernde Situationen, die vor euch liegen?

Auf der Rückseite der Kopie findet ihr ein Gebet, das wir miteinander beten wollen. Lest es euch vorher durch und entscheidet dann, ob ihr es laut oder leise mitsprechen wollt:

Ich glaube, dass ich von Gott nicht vergessen bin. Ich glaube, dass er mir in allen Lebenslagen nahe sein will und dass er auch dann an mich denkt, wenn ich dies nicht spüre. Ich glaube, dass Gott mein Leben in der Hand hält. Er hat es mir gegeben. Er will es bewahren und zu seinem Ziel führen. Amen.

(Quelle: Herrnhuter Losungsbuch 2005; Karl-Heinz Ronecker)

Varianten:

Eine schöne Alternative zum Unterstreichen von Worten oder Sätzen im Josuatext ist das Überdecken des Textes mit weißer Farbe. Dabei wird weiße Farbe auf dem Text mit einem Holzspatel oder einem Pinsel verteilt und nur die Worte, beziehungsweise die Sätze, die hervorgehoben werden sollen, bleiben stehen.
Alternativ zu dem Josuatext kann auch das Lied „Vertraut den neuen Wegen" (EG 395) kopiert, gesungen und gelesen werden.

Autor: Thomas Eisinger

Mauerbau

ART DER ÜBUNG	Problemlösung, Kommunikation
GRUPPENGRÖSSE	10–15
DAUER	45–60 Min.
GELÄNDE	Indoor
MATERIAL	Kärtchen mit den Infos (siehe Anhang), evtl. Papier, Stifte und Flipchart

Instruktion:

In der alten Stadt Melas (in Anlehnung an Jerusalem Salem rückwärts) muss die Stadtmauer nach der Zerstörung wieder aufgebaut werden. Eure Aufgabe wird nun sein, herauszufinden, an welchem melasischen Jom die Mauer fertiggestellt wird und wie hoch die Materialkosten sind. Jeder von euch bekommt gleich mindestens ein Kärtchen mit einer Information. Auf jedem Kärtchen steht jeweils eine Information oder Aussage. Mit allen Kärtchen zusammen ist die Lösung zu finden. Ihr dürft eure Kärtchen aber nicht hergeben und auch keiner anderen Person zeigen. Ihr dürft nur eure Informationen bzw. euer Wissen, das ihr aufgrund der Kärtchen habt, mit den anderen austauschen. Stellt euer Wissen der Gruppe zur Verfügung und versucht, gemeinsam die Lösung zu finden. Ihr habt dazu maximal 45 Minuten Zeit (bei Schwierigkeitsstufe 2 mehr Zeit geben).

Verlauf:

Je nach Gruppe kann es sehr chaotisch zugehen, bis eine Strategie für die Kommunikation und die Sammlung des Wissens gefunden worden ist. Es besteht auch die Möglichkeit, dass die Gruppe sich nicht einigen kann bzw. es zu Streitereien kommt. Deshalb ist diese Aufgabe nicht in der „Machtkampfphase“ einer Gruppe angebracht.

Lernimpulse/Transfermöglichkeiten:

Die Übung ist in Anlehnung an Nehemias Mauerbau konzipiert und kann als Abschluss einer Reihe zum Nehemiabuch eingesetzt werden. Als Nehemia nach Jerusalem kam, fand er ein Chaos vor, über das er sich zunächst einen Überblick verschaffen musste. Es gelang ihm, die Bewohner für den Mauerbau zu motivieren. Auch bei Schwierigkeiten blieben die Leute an der Arbeit, jeder an seinem Platz. Nur so war es möglich, dass die Mauer innerhalb von 52 Tagen errichtet werden konnte. Hier wäre eine Möglichkeit, 1. Korinther 12 ins Spiel zu bringen („Ein Haupt – viele Glieder", die sich gegenseitig brauchen und unterstützen). In einer starken Gemeinschaft ist es wichtig, dass sich jeder mit seinen Fähigkeiten einbringt und sich auch einbringen darf.

Unabhängig von diesem inhaltlich herstellbaren Bezug zum Nehemiabuch stellt diese Übung die Teilnehmenden vor die Situation, wie sie mit Herausforderungen und (zunächst schier unlösbaren) Schwierigkeiten positiv umgehen. Dies wird in der Reflexion thematisiert (siehe Auswertungsmethode) und auf Alltagssituationen übertragen. Dabei können die Teilnehmenden von bisherigen Herausforderungen berichten und wie sie damit umgegangen sind.

Außerdem können neue Verhaltensweisen ins Blickfeld der Teilnehmenden kommen. Lernimpulse aus der Übung können hierzu sein:
- Einüben von klarer, eindeutiger und verständlicher Kommunikation.
- Identifizieren von hilfreichen und hindernden Verhaltensweisen.
- Benennen von Stärken Einzelner.
- Trainieren von Durchhaltevermögen.

Auswertungsmethode:

Anhand folgender Fragen kann eine Reflexion gestaltet werden:
- Welche Beobachtungen hast du in Bezug auf eure Zusammenarbeit gemacht?
- Welche Verhaltensweisen haben zur Lösung beigetragen?
- Welche Verhaltensweisen waren hinderlich?
- Wer hat sich am meisten beteiligt, wer am meisten zurückgehalten?
- Wie habt ihr den Lösungsprozess empfunden?
- Welche Verhaltensweisen konntest du an dir, bei andern, in der Gruppe feststellen?
- Wie lassen sich die positiven Verhaltensweisen in Alltagssituationen anwenden?

Wenn diese Übung im Anschluss an ein Thema zu Nehemia gemacht wird:
- Welche Parallelen zu Nehemia und seiner Situation sind dir aufgefallen?
- Was hat dich bei dieser Übung an unsere Einheiten über Nehemia erinnert?

Unabhängig von einem Bezug zum Buch Nehemia:
- Welche Parallelen zu Glaube und Christsein fallen dir ein? (Z. B.: Durchhalten, auch wenn es schwierig ist, vgl. Hebräer 10,35.)
- An welchen Stellen erlebst du in deinem Leben chaotische, undurchsichtige Situationen?
- Wie gehst du damit um? Wer könnte dir dabei helfen? (Hier kann ein Impuls kommen, dass Gott als unser Schöpfer und Erlöser den Überblick auch in meinem Chaos hat, und ich mich getrost an ihn wenden darf, ihn um Klarheit und Weisheit (Jakobus 1,5) bitten darf.)

Varianten:

Bei der Schwierigkeitsstufe 2 soll die Gruppe die Frage beantworten, ob die Arbeit noch vor der Nachmittagspause abgeschlossen werden kann.

Links:

Download der Kärtchen von S. 80/81 unter:
www.ejw-buch.de/shop/sinn-gesucht-gott-erfahren-2-103827.html

Eine Spielesequenz zum Buch Nehemia findet sich in:
Thomas und Donata Eisinger: mittendrin und voll dabei. Ein Spielebuch für Großgruppen, Holzgerlingen 2005 unter dem Titel „Stein auf Stein", auf den Seiten 64–93 fertig ausgearbeitet mit Kopiervorlagen.

Kärtchen:

1. Die Breite der Mauer beträgt 5 Sa'ad.	2. Die Höhe der Mauer beträgt 10 Sa'ad.	3. Die Mauer ist 10.000 Sa'ad lang.
4. Es arbeiten 42 Bauteams an der Mauer.	5. Ein Steinblock ist ein Kubik-Sa'ad groß.	6. Die Woche in Melas hat 7 Joms.
7. Wie heißen die einzelnen Joms?	8. Ein Arbeitstag dauert inkl. der Hefsegs neun Scha'a.	9. Ein Bauteam besteht aus 6 Personen.
10. Die Hefseg am Vormittag dauert 3 Semans.	11. Eine Scha'a besteht aus 6 melasischen Semans.	12. Jeder Arbeiter hat insgesamt 12 Semans Pause pro Jom.
13. Die Hefseg am Mittag dauert 6 Semans.	14. Lassen wir uns nicht von Unwichtigem abhalten.	15. In jeder Gruppe sind mindestens zwei Frauen.
16. Der erste Jom ist der Rischon.	17. Eine Person aus dem Bauteam ist für das Essen zuständig.	18. Die Hefseg am Nachmittag dauert 3 Semans.
19. Der zweite Jom ist der Schenij.	20. Jeder Arbeiter legt 6 Steinblöcke pro Scha'a.	21. Der dritte Jom ist der Schlischij.

22. Der vierte Jom ist der Reviij.	23. Frauen arbeiten genau so viel wie Männer.	24. Der fünfte Jom ist der Chamischij.
25. Der sechste Jom ist Schischij.	26. Der siebte Jom ist der Schabbat.	27. Die Person, die für das Essen zuständig ist, arbeitet nicht an der Mauer mit.
28. Die Arbeit beginnt bei Tagesanbruch am Rischon.	29. Was müssen wir wissen, um die Dauer der Arbeit berechnen zu können?	30. Sollten wir nicht unsere gemeinsamen Informati- onen notieren?
31. 1 Steinblock kostet 2 melasische Goldschekel.	32. Was ist ein melasisches Klaster?	33. Am Schabbat wird nicht gearbeitet.
34. Wie viele Ecken müssen bei der Berechnung einkalkuliert werden?	35. Ein melasisches Klaster ist ein Würfel dessen Kanten ein Ammah betragen.	36. Nur nicht aufgeben. Eine gute Koordination ist alles.
37. Melasische Joms sind in Scha'as und Semans aufgeteilt.	38. Ein melasischer Arbeitstag beginnt zur 8. Scha'a am Morgen.	39. Ein melasischer Arbeitstag hat seine Hefseg am Vormittag zur 10. Scha'a.
40. Die Hefseg am Mittag ist zur 13. Scha'a.	41. Die Hefseg am Nachmittag ist zur 16. Scha'a.	42. Eine Hefseg ist eine Pause.

Lösung:

Frage	Antworten
Wie groß ist die Mauer (Volumen)? Aus wie vielen Blöcken besteht sie?	Breite (Info 1) x Höhe (Info 2) x Länge (Info 3) = 500.000 Kubik-Sa'ad.
	Jeder Stein ist ein Kubik-Sa'ad groß = 500.000 Steine.
Wie viele Blöcke bewältigen die Arbeiter pro Tag?	Pro Arbeiter 6 Steinblöcke/Scha'a (Info 20) x 7 Scha'as (9 Scha'as (Info 8) 12 Semans (Info 11 und Info 12) (=2 Scha'as) Pause = 42 Blöcke pro Arbeiter pro Jom.
	Es arbeiten 42 Arbeitsteams (Info 4) mit jeweils 6 Personen (Info 9), von denen eine für das Kochen zuständig ist und nicht am Bau mitarbeitet (Info 17 und Info 27). Damit arbeiten 42 x 5 Personen = 210 Personen an der Mauer.
	Die Arbeitsteams bewältigen insgesamt 42 x 210 = 8820 Steinblöcke pro Jom.
Wie viele Joms brauchen die Arbeiter für die gesamte Mauer?	500.000 / 8820 = 56,69 Jom
	Die Mauer wird also am 57. Jom fertiggestellt.
An welchem Jom endet der Bau?	Am ersten Jom (Info 16 und 28) beginnt die Arbeit. Am 7. Jom wird nicht gearbeitet (Info 26 und Info 33). Der 57. Jom ist der Schlischij (Info 21).
Zusatzaufgabe: Wie hoch waren die Materialkosten für die Steinblöcke?	500.000 x 2 (Info 31) = 1 Mio. melasische Goldschekel.
Schwierigkeitsstufe 2: Können die Arbeiter am letzten Jom die Arbeit noch vor der Nachmittagspause abschließen?	Am 57. Jom wird noch 0,69 Jom (gerundet auf 0,7) gearbeitet. 1 Jom hat 7 Scha'a (Pause schon abgezogen). Das bedeutet, dass am 57. Jom die Arbeiter noch 0,7 x 7 = 4,9 Scha'as arbeiten.
	0,9 Scha'as sind 5,4 Semans: 0,9 x 6 (Info 11) = 5,4
	Arbeitsbeginn ist zur 8. Scha'a (Info 33), die Morgenpause mit 3 Semans (Info 39) ist zur 10. Scha'a, die Mittagspause mit 6 Semans (Info 13) ist zur 13. Scha'a (Info 40) und die Nachmittagsspause mit 3 Semans (Info 18) ist zur 16. Scha'a (Info 41).
	Somit schaffen die Arbeiter bis zur Mittagspause 4,5 Scha'a, dann ist Mittagspause bis zur 14. Scha'a. Anschließend muss noch 1,4 Scha'a gearbeitet werden, so dass die Arbeiter rechtzeitig vor der Nachmittagspause ihre Arbeit beendet haben.

TEAMGEIST
ERLEBEN

Autoren: Sibylle Holzwarth, Antje Herzog, Jörg Wiedmayer

Nußdorfer Big Kai Kai (Mega-Fadenspiel)

ART DER ÜBUNG	Kooperation
GRUPPENGRÖSSE	10–15 Personen.
DAUER	15–45 Min.
GELÄNDE	Indoor, ebene Freifläche, Halle
MATERIAL	Ein mindestens 24 m langes Seil, Abbildungen der Figuren in Plakatgröße, ein Stift pro Teilnehmenden, zweimal so viele Karteikärtchen wie Teilnehmende für die Auswertung

Aufbau:

Das Seil muss an den Enden verknotet sein, der Knoten darf auch während der Übung nicht gelöst werden.

Instruktion:

Sicher habt ihr in eurem Leben schon chaotische Situationen erlebt. Situationen, in denen alles drunter und drüber ging und die nötige Ordnung gefehlt hat. Fällt euch spontan eine solche Begebenheit ein?

In der folgenden Übung geht es um ein Fadenspiel. Fadenspiele sind in vielen Kulturen bekannt. Vielleicht kennt ihr es auch noch aus eurer Kindheit. Man kann es nicht alleine spielen. Man braucht mindestens zwei Personen dazu. Mit einer geschlossenen Kordel werden dabei durch eine bestimmte Abfolge von Knoten und „abheben" verschiedene Figuren erzeugt. Eure Aufgabe ist es, mit dem Seil eine bestimmte Figurenfolge zu knüpfen – nicht allein mit den Händen, sondern mit vollem Körpereinsatz.

In der Übung wird deutlich, wie zielorientiertes, gemeinschaftliches Handeln zum Ziel führen kann. Es müssen Absprachen getroffen, gemeinsame Regeln und Ordnungen eingehalten werden, ansonsten wird sich das Seil immer wieder chaotisch verheddern und die Figur auch nicht zustande kommen.

Ihr startet am besten mit der Grundfigur, wobei vier von euch die Eckpunkte sind (siehe S. 87). Habt ihr das geschafft, sollt ihr versuchen, noch zwei weitere Figuren zu knüpfen. Achtet darauf, möglichst die gesamte Gruppe in den Lösungsprozess einzubeziehen. Um es für euch leichter zu machen, könnt ihr die Bilder der Fadenfiguren, die ihr knüpfen sollt, zu Hilfe nehmen. Ihr dürft die Figuren zunächst auch mit Schnürsenkeln ausprobieren.

Verlauf:

Das Fadenspiel ist auch heute noch vielen bekannt, jedoch nicht selbstverständlich jedem geläufig. Wenn die Gruppe die erste Figur geschafft hat (Grundform zur Matratze siehe S. 88), können der Gruppe je nach Prozessverlauf noch weitere Figuren aufgegeben werden. Am interessantesten ist es, wenn die Gruppe die gesamte Figurenfolge von der Grundform bis zum Bären durchmacht.

Lernimpulse/Transfermöglichkeiten:

Auch Gott ist jemand, dem Ordnung ziemlich wichtig ist. In vielen Satzungen und Gesetzen formuliert Gott seine Ansprüche an uns – Regeln für die Beziehung zu Gott und auch Regeln für das Zusammenleben von uns Menschen. Vor allem im Alten Testament stellt Gott viele Ordnungen auf, die eine Richtschnur für die Menschen, vor allem für das Volk Israel, sein sollen. So kommt das Wort Ordnung über 130 mal in der Bibel vor, es zieht sich wie ein roter Faden durch die Bibel. Zum Beispiel heißt es in 3. Mose 20,22: „Und ihr sollt all meine Ordnungen und all meine Rechtsbestimmungen halten und sie tun“ (Hoffnung für alle).
Die Zehn Gebote sind wohl die bekanntesten Bestimmungen Gottes in der Bibel. Sie sind eine Zusammenstellung von göttlichen Regeln, die nicht nur Regeln sind, sondern auch Werte vermitteln. Werte, die altmodisch erscheinen, aber deren Missachtung immer wieder am Anfang von Konflikten steht. Die scheinbar einfachen Grundsätze sind Spielregeln für das Zusammenleben in der Gruppe, erweisen sich aber beim Versuch der Einhaltung als nicht so einfach.
Im Neuen Testament fragt ein Gelehrter Jesus, welches denn das wichtigste Gebot sei. Jesus sagte: „Das wichtigste Gebot ist dieses: Der Herr ist unser Gott, der Herr und sonst keiner. Darum liebt ihn von ganzem Herzen und mit ganzem Willen, mit ganzem Verstand und mit aller Kraft.

Das zweite ist: Liebe deinen Mitmenschen wie dich selbst! Es gibt kein Gebot, das wichtiger ist als diese beiden" (Markus 12,29-31; Gute Nachricht Übersetzung). Zwei einfache, verständliche Regeln, die unser Leben einfacher machen. Liebe als Wert und Maßstab für die Beziehung zu Gott und den Mitmenschen ist der Schlüssel zu einem erfüllten und lebenswerten Leben.

Im übertragenen Sinne kann aus der Übung gelernt werden, dass Gottes Ordnungen für uns sinnvoll sind, sie verhelfen uns in unserem Leben zu einem guten Zusammenspiel mit anderen. Seine Ordnungen dürfen wir aktiv und selbstverantwortlich umsetzen. Lassen wir sie fallen, entsteht Chaos und die Situation wird unübersichtlich. Damit wir das Ziel unseres Lebens nicht verfehlen, gab er uns in seinem Wort diese Ordnungen. Sie sollen für uns keine Hindernisse und Steine im Weg sein, sondern ein roter Faden, eine Hilfe zu gelingendem Leben sein, eine Hilfe, damit unser Leben nicht im Chaos endet.

Auswertungsmethode:

Jeder Teilnehmende schreibt zwei Lerninhalte auf Kärtchen, die er persönlich als wesentlich aus der Übung erfahren hat. Anhand dieser gestaltet der Anleitende eine Reflexionsrunde.

Varianten:

- Sobald die Gruppe das System verstanden hat, kann ihr die Möglichkeit gegeben werden, neue Figuren zu entwickeln, beziehungsweise andere bekannte Figuren zu knoten (Eiffelturm, Brille etc.).
- Die Figuren werden auf Zeit von der Gruppe gebildet. Hierzu ist es möglich, einen Koordinator zu wählen, der von einem erhöhten Standpunkt aus den Überblick hat.
- Ein 50–60 m langes Seil erhöht den Schwierigkeitsgrad.

Links:

Eine detaillierte Anleitung zu verschiedenen bekannten Figuren findet man unter: www.labbe.de

Neue, schwierigere Figuren sind unter anderem bei der International String-Finger-Association (ISFA) im Internet zu finden: www.isfa.org

Lösungen zu den einzelnen Figuren:

Frorath, Günther:
Die schönsten Fadenspiele.
Moses, 5. Auflage 2004;
sowie
www.labbe.de Fadenspiele

1. Figur:
Von der Grundform zur Matratze

Die Teilnehmenden stellen sich in der Grundform auf. Vier weitere Personen „nehmen ab", also übernehmen das Seil, indem sie an den Stellen, an denen sich das Seil kreuzt, zugreifen, danach unter dem noch gespannten Seilstück durchkriechen und durchführen. Danach stellen sich die neuen Personen wieder im Rechteck auf und ersetzen so die vier ersten Personen; diese gehen aus dem Seil heraus. Die neugebildete Figur ist die sogenannte Figur „Matratze".

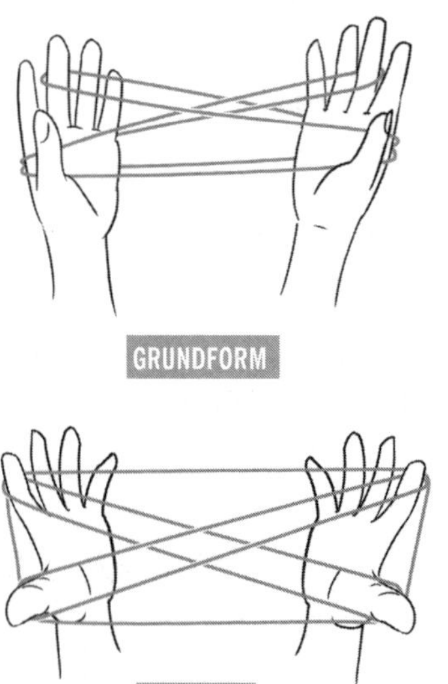

GRUNDFORM

MATRATZE

2. Figur:
Von der Mattratze zum Spiegel

Zwei Personen greifen das linke glatte Seilstück in der Mitte und ziehen es über das rechte Seilstück und den Rand und führen es nach unten. Zwei andere Personen greifen gleichzeitig das rechte gespannte Seilstück und führen es nach unten. Danach gehen sie auseinander und bilden alle vier wieder die neuen Ecken, den sogenannten „Spiegel". Die Eckpersonen der „Matratze" verlassen das Seilelement.

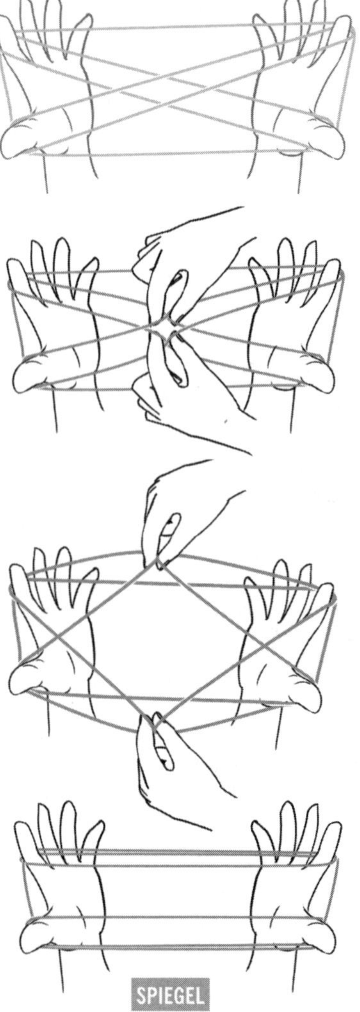

SPIEGEL

Die komplette Figurenreihe setzt sich nach dem ähnlichen Prinzip fort. Die Figuren sind wie folgt:

3. Figur:
Vom Spiegel zur Wiege

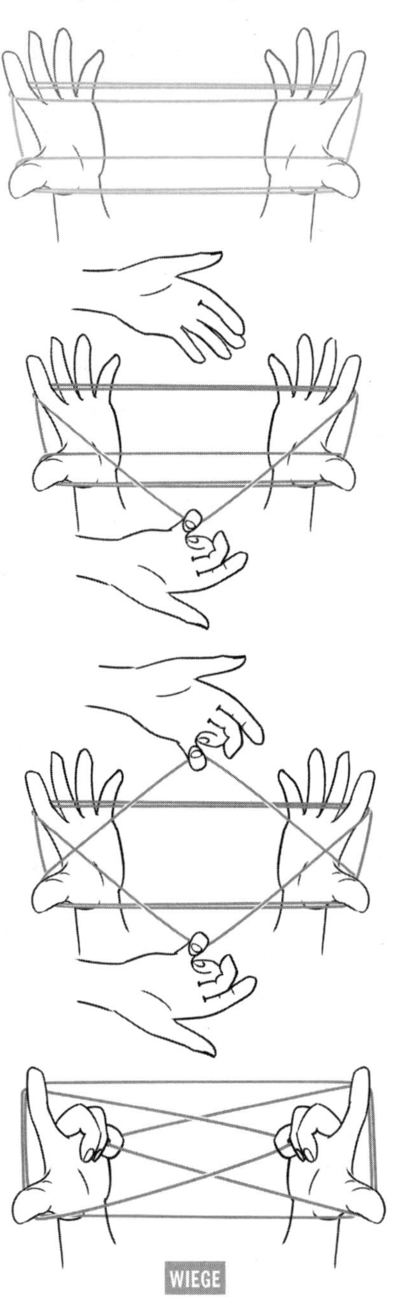

4. Figur:
Von der Wiege zum Edelstein

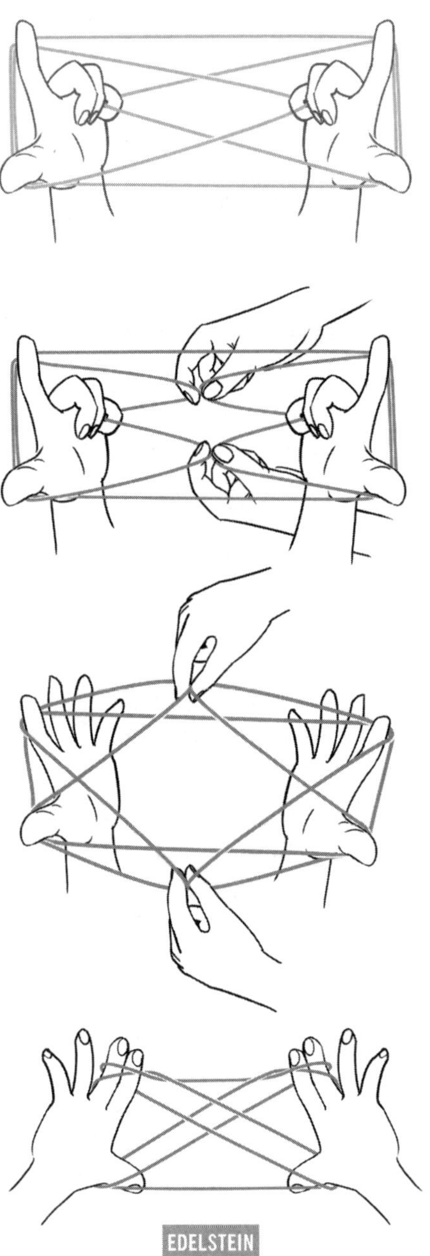

5. Figur:
Vom Edelstein zum Katzenauge

6. Figur:
Vom Katzenauge zum schlafenden Bären

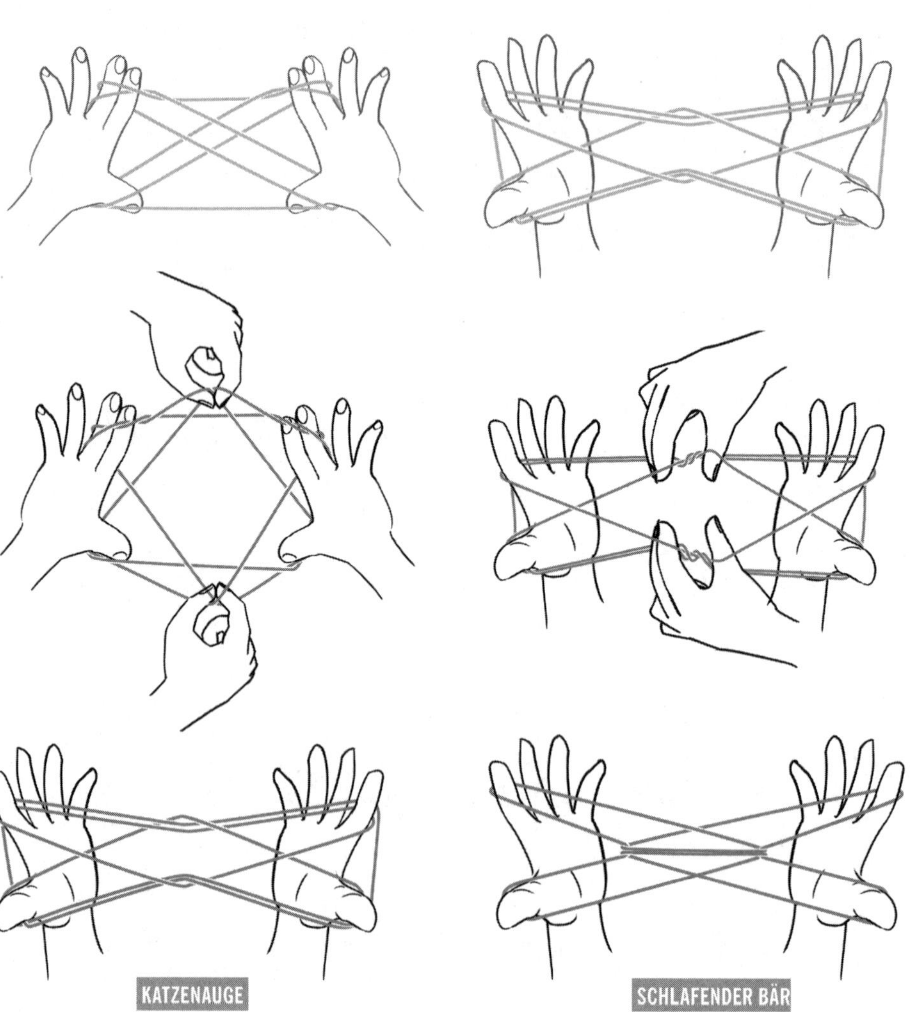

Autoren: Werner Knapp, Beth Kanelos

Pfauenfeder

ART DER ÜBUNG	Koordination
GRUPPENGRÖSSE	10–30 Personen
DAUER	10–15 Min.
GELÄNDE	Halle, auf ebener Freifläche
MATERIAL	Pfauenfeder

Instruktion:

Bei der folgenden Aktion wird es um eine ganz besondere Feder eines Vogels gehen: die Pfauenfeder. Ich möchte euch zu Beginn bitten, zwei gleich große Gruppen zu bilden. Die Gruppen stellen sich im Abstand von ca. 10 m in Form einer breiten Gasse auf, so dass sie sich gegenüber stehen. Der Erste der Gruppe 1 bekommt nun die Feder ausgehändigt. Seine Aufgabe ist es, die Feder möglichst senkrecht auf der geöffneten Handfläche zu dem Ersten der Gruppe 2 zu balancieren – ohne zwischendurch anzuhalten. Ein Festhalten der Feder ist nicht erlaubt. Auf der anderen Seite angekommen, übernimmt der dortige Erste der Gruppe die Feder und balanciert sie zu dem Zweiten der Gruppe 1 usw. bis alle an der Reihe waren. Achtet während der Durchführung auf die unterschiedlichen Methoden der Läufer. Wie gelingt es, die Feder ohne abzusetzen auf die andere Seite zu bringen?

Verlauf:

Bei Wind wird die Aufgabe um einiges schwieriger; eventuell die Strecke verkürzen.

Lernimpuls/Transfermöglichkeiten:

Die Aufgabe gelingt meist dann besonders gut, wenn der Läufer auf das „Auge" der Feder schaut. In der Bibel wird in Psalm 121,1 Ähnliches beschrieben: „Ich hebe meine Augen auf zu den Bergen, woher kommt mir Hilfe? Meine Hilfe kommt vom Herrn, der Himmel und Erde gemacht hat." Dieses Hinaufschauen, das Aufsehen auf Gott, kann uns in unserem Leben helfen, bei Problemen die Hilfe konkret von Gott zu erwarten und nicht nur auf das Problem und die Sorgen selbst fixiert zu sein. Ich darf meine Probleme vor Gott, in Anlehnung an die Übung, auf der „offenen Hand" tragen und ihm meine Sorgen bringen, er möchte sie mir abnehmen (1.Petrus 5,7).

Auswertungsmethode:

In Kleingruppen zu je drei bis vier Personen unterhalten sich die Teilnehmenden zehn Minuten über folgende Fragen:

- Wie verhalte ich mich in problematischen Situationen?
- Wie gehe ich mit meinen Problemen und Sorgen um?
- Auf wen schaue ich, wenn ich Probleme habe?
- Wem erzähle ich von meinen Nöten?
- Habe ich schon Gottes Hilfe und Eingreifen erlebt?
- Welche Art von Hilfe wünsche ich mir von Gott?

Varianten:

- Zum Abschluss kann das Lied „I lift my eyes up“ (Feiert Jesus 1, 153) gesungen werden und der Psalm 121 gemeinsam gebetet werden.
- Jedem Teilnehmenden kann als Erinnerung eine Feder und eine Karte mit dem Bibelvers aus Psalm 121 mitgegeben werden, die eine Rückerinnerung an die Übung im Alltag ermöglicht.

Links:

Pfauenfedern können an fast jeder Schießbude auf dem Jahrmarkt besorgt oder problemlos per Internet bestellt werden.

Autoren: Klaus Neugebauer, Jörg Wiedmayer

Schuld und Vergebung

ART DER ÜBUNG	Problemlösung
GRUPPENGRÖSSE	ca. 8–20 Personen, bei mehr Teilnehmenden zwei Gruppen bilden
DAUER	ca. 15–30 Min.
GELÄNDE	Indoor, Halle, Wald, ebene Freifläche
MATERIAL	Ein ca. 1,5 m langes Seilstück pro Teilnehmenden

Aufbau:

In alle Seilstücke wird ein Sackstich-Knoten geknotet.

Instruktion:

Bitte stellt euch alle in einem Kreis (oder einer Kette) auf. Zwischen die Personen nehmt ihr jeweils das Ende eines kurzen Seilstückes in die Hand. Jede Person ist dann mit ihren linken und rechten Nachbarn mit einem Seilstück verbunden. An einer Stelle muss der Kreis offen bleiben, das heißt die zwei Personen, die den Anfang und das Ende des Kreises markieren, haben jeweils nur ein Seil in der Hand, das sie mit ihrem Nachbarn verbindet. In die Seilstücke habe ich bereits einen Knoten geknüpft. Eure Aufgabe wird es im Folgenden sein, die Knoten aus allen Seilstücken zu lösen, ohne dabei die Seile mit den Händen loszulassen. Ihr habt vor Beginn der Aktion ausreichend Zeit, euch zu beraten.

Der Sackstich-Knoten

Verlauf:

Die Knoten lassen sich lösen, indem die Personen am Anfang und Ende des Kreises beginnen, durch die in den Seilstücken gelockerten, „vergrößerten" Knoten hindurchzusteigen. Dies setzt sich immer weiter fort, bis alle nacheinander in einer Kette durch die Knoten hindurchgestiegen sind. Dies erfordert ein gewisses Maß an Kooperationsbereitschaft, alle müssen hier „an einem Strang" ziehen. Je nach Erfolg oder Misserfolg wird der Lösungsversuch reflektiert und ausgewertet.

Lernimpulse/Transfermöglichkeiten:

Wir Menschen stehen in Beziehung zueinander (sind miteinander verbunden, hängen zusammen). Durch schlechtes oder falsches Verhalten anderen gegenüber wird das Verhältnis gestört, es entstehen „Knoten" in den Beziehungen. Diese Knoten können die Beziehung belasten. Wie gehen wir mit diesen Fehlern um? Wir können so tun, als ob sie gar nicht da wären, wir können sie glatt bügeln, über die verschrumpelten Stellen hinwegsehen oder versuchen die Knoten zu ignorieren: aber die Knoten sind dann immer noch da. Die einzige aktive Möglichkeit, die Störung wirklich wegzukriegen, ist, sich der Sache zu stellen. Dazu gehört in den meisten Fällen auch eine ehrliche „Ent-Schuldigung". Das braucht Mut, zeigt aber, dass einem der andere wichtig ist bzw. dass man selbst mit dem „Schuld sein" schlecht leben kann. Um die Schuld vollständig auszuräumen, ist die aufrichtige Vergebung des Anderen vonnöten.

Im Vater Unser finden wir die Aufforderung an uns selbst: „ … wie auch wir vergeben unsern Schuldigern". Erst durch das Vergeben untereinander wird Gemeinschaft möglich und immer wieder neu spürbar. Jesus hat durch das Abendmahl Gemeinschaft der Christen untereinander und mit ihm gestiftet.

Knoten können auch zwischen mir und Gott entstehen: wir scheitern immer wieder daran, Gott und unseren Nächsten von ganzem Herzen zu lieben. Im Gebet kann ich um Vergebung der Sünde bitten (z. B. im Vater Unser: „Und vergib uns unsere Schuld"). Gott liebt auch gescheiterte Menschen und vergibt uns unsere Schuld! Wir können neu anfangen, immer wieder. Durch den Tod und die Auferstehung Jesu sind wir unwiderruflich anerkannt bei Gott.

Auswertungsmethode:

- Mit folgenden Fragen kann in einem Gespräch im Plenum oder in der Einzelreflexion das Thema aufgearbeitet werden:
  - Wenn wir die Personen mit den Seilen und den Knoten dazwischen symbolisch betrachten und auf unser Leben übertragen, was könnten die Personen und die Seile darstellen? Für was könnten die Knoten symbolisch stehen?
  - Wie kann man mit solchen „Knoten" umgehen?
  - Gibt es unterschiedliche Arten der Entschuldigung bzw. „Entschuldigung" zu sagen? Welche Beispiele fallen dir ein? Sind alle wirklich wertvoll?
  - Wie fühlst du dich und wie verhältst du dich, wenn du dich jemand anderem gegenüber falsch verhalten hast?
  - Warum ist es überhaupt wichtig, sich zu entschuldigen/zu vergeben?
  - Was ist, wenn ich nicht vergeben kann?
  - Ich habe vergeben, kann aber nicht vergessen. Muss ich das?
  - Ich habe so viel falsch gemacht, dass ich mir selbst nicht vergeben kann. Was dann?
  - Wann fällt es mir leicht, Vergebung zu gewähren?
  - Was verstehe ich eigentlich unter Vergebung?
  - Muss man Gott um Vergebung bitten?
  - Was tut Gott, wenn ich ihn um Vergebung bitte?

- Methode Schiebe-Ramsch:
  Aus der Bibel werden unterschiedliche Stellen zum Thema Vergebung, Schuld, Sünde etc. ausgedruckt und zu Kärtchen/Zetteln zurechtgeschnitten (mind. dreimal so viele Kärtchen wie Teilnehmende). Jeder Teilnehmende bekommt zu Beginn drei Kärtchen zum stillen Durchlesen. Nach ca. zwei Minuten schiebt jeder einen Vers, der ihn am wenigsten anspricht, nach links weiter. Dieser Vorgang wird so lang wiederholt, bis ein Teilnehmender einen seiner „verramschten"/weitergegebenen (ersten drei) Verse wiederbekommt.

Anschließend erstellt jeder eine Rangliste seiner jetzigen Verse: welcher Vers spricht mich am meisten an? Es kann nun ein Austausch über den jeweils an oberster Stelle stehenden Vers stattfinden.

Varianten:

- Die Übung blind durchführen.
- Im Anschluss gemeinsam das Abendmahl feiern.
- Vor Beginn der Übung werden die Knoten durch die Gruppe hineingeknüpft.
- Um die Schwierigkeit zu erhöhen, werden vom Anleitenden unterschiedliche Knoten (z. B. Achterknoten und Sackstich) in die Seilstücke geknüpft.

Autor: Achim Großer

Via Lucis „Weg des Lichts“

ART DER ÜBUNG	Wahrnehmung, Kooperation
GRUPPENGRÖSSE	10–100 Personen
DAUER	30–45 Min. Kreativphase, 45–120 Min. Erfahrungsphase, 15–30 Min. Reflexion
GELÄNDE	Indoor (mit vielen Räumen), Wald, Freifläche
MATERIAL	Bastelmaterial wie Papier, Stifte und Farben, Kerzen, Spiegel, Fackeln, Lichterketten etc., pro Person oder Kleingruppe ein Flipchartpapier und Stifte, gestaltete Karte mit den geschriebenen Instruktionen, einzelne Bibelverse auf einer Karte

Aufbau:

Materialien bereitstellen, eventuell eine Beispielstation vorbereiten

Instruktion:

„Kreuzwege sind in der christlichen Frömmigkeitstradition ein wichtiger Weg („via crucis") hin auf das Osterfest. Dass es einen betrachtenden und in das Heilsgeschehen mit hineinnehmenden Weg von Ostern nach Pfingsten gibt, ist hingegen kaum bekannt. Es handelt sich um den sogenannten „Via Lucis", der von Italien herkommend in der geistigen Tradition Don Boscos entstanden ist. Als Ergänzung bzw. Weiterführung des Kreuzweges betrachtet er in Schrifttexten, Bildern und Gebeten den Weg des auferstandenen Jesus Christus vom leeren Grab bis zur Sendung des Heiligen Geistes." (Martin Lechler in 2. Ausgabe des LiteraturDienstes Jugendpastoral 2006).

Ihr sollt nun zusammen in Kleingruppen á drei bis fünf Personen (je nach Größe der Gesamtgruppe auch kleiner oder allein) einen Via Lucis/einen Lichtweg bauen.
Jede Gruppe (bzw. jede Person bei weniger Teilnehmenden) bekommt nun eine Karte mit einer Instruktion. Auf der Vorderseite der Karte findet sich eine beispielhafte Station in einem Bild. Dazu gibt es folgende Hinweise:

- *Ihr habt nun 45 Minuten Zeit, mit den vorhandenen Materialien in einem freien Raum/Bereich eure Station zur Via Lucis zu bauen. Überlegt und entwickelt eine kreative Übung, wie der Inhalt/die Aussage eurer Station ohne Worte erlebbar wird. Beschreibt diese Übung auf dem Flipchartpapier für die anderen.*
- *Ein Bibeltext oder -vers sollte in der Station enthalten sein. Dazu kann ein eigener Text aus der Bibel ausgewählt oder eine vorhandene Verskarte mitgenommen werden.*
- *Räumt dem Gebet in irgendeiner Form Platz in der Station ein. Eine mögliche Anleitung dazu kann auf das Flipchartpapier geschrieben werden.*
- *Nach der Kreativphase gibt es eine Erlebnisphase, in der alle die Möglichkeit haben, zu sämtlichen Stationen der Via Lucis zu gehen.*

Verlauf:

Es ist immer wieder überraschend, in welch kurzer Zeit die Teilnehmenden Stationen mit Übungen entwickeln und umsetzen. Das kann bereits in 15 Minuten der Fall sein. Erfahrungsgemäß gehen Gruppen unterschiedlich motiviert an die Aufgabenstellung heran. Hier ist vom Anleitenden Feingefühl gefragt, wie viel Unterstützung gebraucht wird, um in die Kreativphase zu kommen. Die Erlebnisphase spricht für sich selbst und wird von den Teilnehmenden gerne genutzt. Hier wird bei jungen Teilnehmenden nur darauf zu achten sein, dass die Stationen nicht zum lauten „Event" werden. Die Teilnehmenden können grundsätzlich unterstützt werden, indem der Anleitende immer wieder die einzelnen

Kleingruppen besucht und sie evtl. auf die zur Verfügung stehenden Materialien hinweist.

Lernimpulse/Transfermöglichkeiten:

In der Via Lucis hat das österliche Ritual seinen liturgischen Ausdruck gefunden. Dass der Weg zum Licht, also zu Ostern hin, im Mittelpunkt steht, versteht sich von selbst. Er kann aber auch vor Weihnachten im Wald passend sein. Insgesamt geht es darum, neben dem Kreuzweg auch dem Weg des Lichts als Gegenüber zur Geltung zu verhelfen. Der Weg vom Kreuz, über die Auferstehung zu Pfingsten – das gehört zusammen. Gott heute im eigenen Alltag Raum geben, ist die Aussage der Via Lucis.

Auswertungsmethode:

Die Reflexion geschieht im Plenum oder in der Kleingruppe. Möglicherweise ist es sinnvoll, einzelne Stationen nochmals mit der ganzen Gruppe zu besuchen, damit alle den gleichen Erfahrungsstand haben.

Varianten:

- Nur die vor Ort vorhandenen Materialien nutzen (Schubladen, Stühle, Tische etc.; im Wald: Äste, Laub, Wurzeln etc.).
- Vorbereitungs- und Durchführungszeiten sowie Gruppengröße können variiert werden.
- Die einzelnen Stationen sind bereits benannt, z. B.:
  1.: erstaunt
  2.: erkannt
  3.: ersehnt
  4.: erfasst
  5.: ermutigt
  6.: verwandelt
  7.: entflammt
  Die Stationen können auch über mehrere Tage bestehen bleiben (z. B. bei Freizeiten).
- Die Gruppe geht gemeinsam den Weg (nur bei Gruppen bis max. 15 Personen zu empfehlen).
- Die Übung als Teil eines Gottesdienstes einsetzen.

 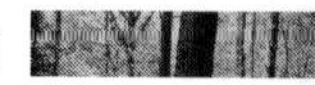

Die Erfahrungen der Jünger

Bei der Übungsreihe „Die Erfahrungen der Jünger" handelt es sich um eine Zusammenstellung von Übungen, mit denen die Erfahrungen und Erlebnisse – die die Jünger mit Jesus, mit sich selbst und untereinander gemacht haben – im erlebnispädagogischen Kontext erlebbar gemacht werden. Die hier vorgeschlagene Reihenfolge berücksichtigt zwei Aspekte: zum einen den zeitlichen Ablauf der überlieferten Ereignisse – und zum anderen die emotionale Entwicklung innerhalb der Gruppe. Die Übungen lassen sich jedoch auch unabhängig voneinander durchführen. Eine Einführung oder Hinführung zur Erlebniswelt der Jünger ist hilfreich, insbesondere, wenn die Übungen auf mehrere Tage verteilt werden und Anknüpfungspunkte geschaffen werden müssen.

Es werden im Folgenden vier Übungen vorgestellt. Es ist möglich, zu weiteren Erfahrungen der Jünger und den entsprechenden biblischen Geschichten ergänzende Übungen zu entwerfen.
Die Übung „Höre auf die Stimme" greift die Situation vom Fischzug des Petrus auf, als dieser morgens auf das Wort Jesu hin und gegen den gesunden Menschenverstand noch einmal auf den See hinaus fährt, nachdem er über Nacht nichts gefangen hat. Erlebbar wird dies durch einen scheinbar unüberwindbaren Weg, der blind bewältigt werden muss und sich am Ende leichter als erwartet herausstellt.
In „Sich verlassen lassen" erfahren die Teilnehmenden, wie sie als blinde Gruppe von ihrem Führenden plötzlich verlassen werden – vergleichbar mit der Situation der Jünger nach der Kreuzigung Jesu.
Die Übungen „Zuspruchskreis" und „Zuspruch geben" bilden einen positiven Abschluss der Reihe, da sich hier die Teilnehmenden einerseits gute Worte zusprechen lassen (vgl. Missionsbefehl) und andererseits sich untereinander Zuspruch geben (vgl. erste Gemeinde).

Übersicht:

Zeit	Übung	Ziel/Intention
20–30 Min.	Höre auf die Stimme	Fischzug des Petrus – trotz aller Einwände auf Jesus hören
30–40 Min.	Sich verlassen lassen	Jesu Tod – die Jünger sind plötzlich alleine
pro Person 3 Min.	Zuspruchskreis	Missionsbefehl – Stärkung durch Zuspruch
10–20 Min.	Zuspruch geben	Die erste Gemeinde – gegenseitiges Zusprechen von Bibelworten

Höre auf die Stimme

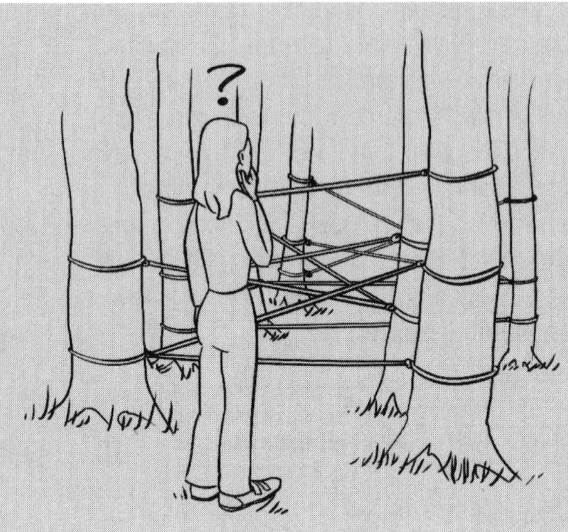

ART DER ÜBUNG	Vertrauen
GRUPPENGRÖSSE	6–12 Personen oder in mehreren Gruppen
DAUER	20–30 Min.
GELÄNDE	Wald
MATERIAL	Seile oder Schnüre, Augenbinden

Aufbau:

Auf einem Weg oder einer Gasse (ca. 20–30 m lang) werden vier bis fünf Seile in unterschiedlichen Höhen (ca. 50–100 cm) zwischen Bäumen gespannt. Die Seile sollten zumindest auf einer Seite mit einem Handgriff (auf Slip gelegt) schnell wieder zu lösen sein. Der Weg erscheint durch die Seilhindernisse für die Teilnehmenden kaum überwindbar.

Instruktion:

Vor euch seht ihr einen Weg, der durch verschiedene Seilhindernisse erschwert ist. Schaut euch vom Startpunkt aus den Weg gut an. Eure Aufgabe ist es, den Weg einzeln und nacheinander zu begehen, ohne ein Seil zu berühren. Ihr sollt den Weg blind und möglichst schweigend durchschreiten. Mitarbeitende werden euch vom Zielpunkt aus mit Worten sicher leiten. Bitte achtet aufgrund des unebenen Geländes auf eure Sicherheit.

Verlauf:

Die Gruppe wartet an einem Ort, von dem aus der Aufbau nicht einsehbar ist. Der Teilnehmende wird von dort aus sehend an den Hindernisparcours herangeführt. Hier kann er den Weg genau betrachten. Nachdem der Teilnehmende die Augenbinde aufgesetzt hat, werden die Seile durch die Mitarbeitenden schnell abgebaut. Der Teilnehmende wird dann per Zuruf von einem Führenden, der am Ziel steht, durch den Parcours geleitet. Die Teilnehmenden, die den Parcours schon absolviert haben, sollten sich möglichst ruhig verhalten oder etwas abseits warten. Um die Wartezeiten zu verkürzen, können entweder mehrere Teilnehmende den Parcours gleichzeitig begehen, oder es kann parallel ein zweiter Parcours aufgebaut werden.

Lernimpulse/Transfermöglichkeiten:

Im Leben erscheinen Probleme und Sorgen immer wieder wie ein unüberwindbares Hindernis. Man macht sich viele Gedanken und fragt sich, wie die Schwierigkeiten überhaupt bewältigt werden können. Die Schwierigkeiten und Hindernisse erscheinen unüberwindbar: das ist doch nicht zu schaffen! Anstatt sich vergeblich zu mühen, erscheint es vielleicht besser, den Weg mit den Hindernissen gar nicht erst in Angriff zu nehmen.
Das Vertrauen in Andere und das Vertrauen auf Gott kann jedoch Hilfe und Unterstützung sein, den Weg trotz der vielen Hindernisse zu meistern. Auf Jesus zu vertrauen und den Weg auch gegen die Vernunft zu wagen, bringt neue, manchmal einfachere Möglichkeiten, um die Schwierigkeiten des Lebens zu meistern. Im Vertrauen auf Gottes Unterstützung kann ich auch große Hindernisse bewältigen.

Auswertungsmethode:

- Der Anleitende liest nach der Durchführung der Übung die Geschichte vom Fischzug des Petrus aus Lukas 5,1-11 vor, bei der Petrus trotz besseren Wissens auf das Wort von Jesus hin wieder auf den See zum Fischen fährt und einen gigantischen Fang macht. In einer offenen Runde kann anschließend überlegt werden, in welchem Zusammenhang die Geschichte mit den Erlebnissen aus der Übung steht.
- Mögliche Reflexionsformen unter Einbeziehung des Verses: „Ich will dir den Weg zeigen, den du gehen sollst. Ich will dich mit meinen Augen leiten" (Psalm 32,8):
  - Meditative Einzelreflexion zum Vers.
  - Paarweise Auswertung über den Vers bzw. über die Aktion insgesamt.
  - Den Vers den Teilnehmenden auf einer Karte mitgeben.
- Einen offeneren und freieren Zugang in der Reflexion bietet die Frage, ob die Teilnehmenden das Erlebte an ihren Glauben erinnert, bzw. inwiefern sie hier einen christlichen Bezug sehen.
- Möglicherweise kann auf Seiten der Teilnehmenden Unmut entstehen, da die zu erwartende Schwierigkeit der Aufgabe von den Mitarbeitenden beseitigt wurde.

Varianten:

- Die Teilnehmenden können den Weg zuvor zum Testen mit offenen Augen gehen. Dies hat wahrscheinlich den Nachteil, dass der Transfer zum Vertrauen in Jesus schwieriger herzustellen ist; man vertraut eher seinen eigenen Fähigkeiten.
- Die Teilnehmenden zeichnen nach einer Besichtigung den Weg und schreiben dazu, wo sie Schwierigkeiten in ihrem Leben sehen. Nach dem Begehen des Weges überlegen sie, welche Auswirkungen die Erlebnisse aus der Übung auf die Schwierigkeiten in ihrem Leben haben.
- Bevor die Teilnehmenden losgehen, spricht der Mitarbeitende ihnen den Vers aus Psalm 32,8 zu: „Ich will dir den Weg zeigen, den du gehen sollst. Ich will dich mit meinen Augen leiten".
- Die Reflexionsphase beginnt direkt nach Ankunft der jeweiligen Teilnehmenden am Ende des Weges, um die Wartezeit zu verkürzen, wobei die Reflexion in der Gruppe vorzuziehen ist.

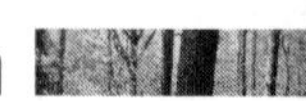

Sich verlassen lassen

ART DER ÜBUNG	Vertrauen, Kooperation
GRUPPENGRÖSSE	6–20 Personen
DAUER	ca. 30–40 Min.
GELÄNDE	Waldstück, Freifläche
MATERIAL	Augenbinden, kleines Geschenk für Gruppe bzw. Kleinigkeit zu essen

Aufbau:

Der Anleitende schaut sich den Weg durch das Gelände vorher genau an. Gefahrenquellen beseitigen (Äste, Steine) bzw. umgehen (abschüssiges Gelände, Unebenheiten etc.). Am Besten einen Teil der Strecke selbst mit geschlossenen Augen gehen.

Instruktion:

Ich möchte mit euch bei der folgenden Aufgabe ein Experiment wagen: Ziel der Übung wird es für euch sein, eine bestimmte Wegstrecke zurückzulegen. Dabei sind alle bis auf einen blind. Die Augenbinden bleiben auf, bis ich die Übung beenden werde. Bitte stellt euch zur Durchführung hintereinander in einer Reihe auf und fasst die Person vor euch an den Schultern. Der Sehende befindet sich am Ende der Gruppe (Kapitän) und ist als Einziger stumm. Ihr dürft während der Übung reden. Der Kapitän darf den Letzten in der Gruppe nur berühren, um Kommandos zu übermitteln, ansonsten findet zwischen Kapitän und Gruppe kein Körperkontakt statt. Bitte achtet genau auf die Sicherheit in dem unwegsamen Gelände. Bei einem vordefinierten Stoppsignal des Anleitenden, das in Gefahrensituationen verwendet werden kann, bleibt die Gruppe einfach stehen. Die Augenbinden bleiben dabei auf. Ihr bekommt eine Vorbereitungszeit von fünf Minuten, um euch Kommandos zu überlegen. Danach wird der Kapitän von mir bestimmt.

Verlauf:

Der Anleitende sollte den Teilnehmenden bei der Erklärung den Namen der Übung nicht nennen, da er zu viel über den Verlauf der Aktion aussagt.
Der Anleitende sucht vorab einen Weg aus, der zu Beginn ca. 50–100 m durch den Wald auf eine angrenzende Wiese führt. Diesen Weg gibt er bei der Durchführung der Übung Stück für Stück dem Kapitän bekannt. Der Anleitende entbindet dann den Kapitän am Waldrand still von seiner Verantwortung und hält ihn zurück. Der Rest der Gruppe wird somit sich selbst überlassen. Solange die Gruppe auf eigene Faust unterwegs ist, muss vom Anleitenden unauffällig auf die Sicherheit geachtet werden. Irgendwann merken die Teilnehmenden, dass sie nicht mehr geführt werden und der Kapitän nicht mehr da ist. Der Anleitende kann den Gruppenprozess erstmal laufen lassen und beobachten, was passiert. Die Gruppe soll auf der Wiese bleiben, um dort den Verlust des Kapitäns zu erfahren und „sich verlassen fühlen“. Bevor die Stimmung eventuell ins Negative kippt, gibt der Kapitän verbal das Kommando, die Augenbinden abzunehmen. Er hat ein kleines Geschenk dabei.

Nutzt man diese Übung in der Erlebniskette, so ist es sinnvoll, die Reflexion kurz zu halten und im Anschluss die Übung Zuspruchskreis zu machen und danach beides zu reflektieren.

Lernimpulse/Transfermöglichkeiten:

In verschiedenen biblischen Geschichten wird uns berichtet, wie die Jünger sich von Jesus verlassen fühlten: Bei der Stillung des Sturmes schläft Jesus seelenruhig, während die Jünger ums Überleben kämpfen (Lukas 8,22-25), nach seinem Tod am Kreuz verstecken sie sich vor Angst hinter verschlossenen Türen (Johannes 20,19), sie sind plötzlich auf sich allein gestellt. Die Emmausjünger (Lukas 24,17-21 und 25,26) sind traurig und verzweifelt, weil Jesus, in den sie all ihre Hoffnung gesetzt haben, gekreuzigt wurde.

Kennen wir die Situation, dass etwas vermeintlich Sicheres und Klares plötzlich weg ist? Das Gefühl der Sicherheit und des Vertrauens geht dabei über in Verwirrung und Verlassensein. Wir sind dann auf uns selbst gestellt und irren womöglich wie blind umher. Niemand ist in der Nähe, der uns an der Hand nimmt und uns den richtigen Weg zeigt.

Auch die Jünger wurden verlassen, obwohl Jesus ihnen den Weg zu sich gezeigt hat. Er hat ihnen alles Nötige mit auf den Weg gegeben, so dass sie seine Botschaft leben und weiter tragen können.

Auswertungsmethode:

In der Reflexion hat der Kapitän eine besondere Stellung, er wird vermutlich mit Vorwürfen konfrontiert: „Warum hast du uns allein gelassen?" Wie ging es dem Kapitän, als er die Gruppe allein lassen musste? Dieser Aspekt ist auch in der Auswahl des Kapitäns zu bedenken.

Am Anfang kann die Frage stehen, was bei den Teilnehmenden gerade oben aufliegt? Was muss ich unbedingt loswerden? Diese Übung kann unter Umständen heftige Gefühle auslösen, die einzelnen Teilnehmenden müssen erst einmal ihren Gefühlen Luft machen. Im Anschluss können folgende Hilfsmittel zur Reflexion verwendet werden:

- Gefühlskärtchen.
- Kärtchen mit Textstellen in Bezug zum Tod Jesu und dessen Ankündigung.
- Stein und Feder: Was fiel mir leicht? Was war schwer?
- Karten mit unterschiedlichen Stimmungen.
- Kopf/Herz/Hand: Was habe ich gedacht? Was habe ich gefühlt? Was habe ich getan?

Weitere Fragen dazu:

- Woher kenne ich in meinem Leben dieses Gefühl.
- Wie bin ich bisher damit umgegangen?
- Wie habe ich gehandelt?
- Was ging mir durch den Kopf?
- Woher bekomme ich Unterstützung und Zuspruch in solchen Situationen?
- Wie kam ich wieder heraus? Wer oder was hat mir geholfen?

Varianten:

- Der Anleitende übernimmt die Rolle des Kapitäns, ein weiterer Anleitender die Sicherheitsaufsicht.
- Die Gruppe wählt selbst einen Kapitän aus.
- Der Kapitän erhält am Waldrand die Aufgabe, die Gruppe zu beobachten und auf die Interaktionen zu achten.
- Die Gruppe wird schon im Wald nicht mehr vom Kapitän weitergeführt. Die Gruppe kommt spätestens in einer Gefahrensituation zum Stehen und kann aufgrund fehlender Kommandos nicht mehr weiter.
- Die Geschichte der Jünger und deren konkrete Situation wird zu Beginn thematisiert, um die Teilnehmenden vorab für die Beziehung zwischen Jesus und seinen Jüngern zu sensibilisieren (z. B.: Wer ist der Lieblingsjünger?).

Zuspruchskreis

ART DER ÜBUNG	Zuspruch von Bibelversen
GRUPPENGRÖSSE	6–30 Personen
DAUER	ca. 10–20 Min.
GELÄNDE	Indoor, Halle, Wald, draußen
MATERIAL	Karten mit Bibelsprüchen (Zuspruch, Segen)

Aufbau:

Karten mit Bibelsprüchen auslegen.

Instruktion:

Bitte sucht euch aus dem Fundus an Bibelversen einen aus. Anschließend stellt ihr euch in zwei konzentrischen Kreisen auf, so dass in beiden Kreisen gleich viele Teilnehmende sind und ihr euch anschauen könnt. Nun sprechen alle, die im Außenkreis stehen, den ihnen Gegenüberstehenden aus dem Innenkreis ihren ausgewählten Bibelvers zu. Danach sprechen diejenigen im Innenkreis ihrem Gegenüber ihren Vers zu. Anschließend drehen sich die Teilnehmenden des Innenkreises so weiter, dass sie dem nächsten des Außenkreises gegenüberstehen und es werden wieder die Bibelverse zugesprochen. Nach einer kompletten Umdrehung des Innenkreises ist die Übung beendet.

Lernimpulse/Transfermöglichkeiten:

Ein gutes Wort, einen guten Zuspruch persönlich gesagt zu bekommen, ist leider selten geworden in unserem Leben. Daher kann es zunächst sehr ungewohnt sein, Zuspruch zu bekommen, der direkt an mich gerichtet ist. Dennoch sollte diese Erfahrung als positiv besetzt zurückbleiben. Jesus befähigt und stärkt seine Jünger bewusst im Missionsbefehl (Matthäus 28,19-20).

Auswertungsmethode:

Die Reflexion kann kurz gehalten werden, da die Teilnehmenden mehrere Zusprüche erfahren haben und dies für sich wirken sollte.

Reflexionsfragen:

- Was haben die Zusprüche bei dir ausgelöst?
- Wo bekomme und bemerke ich Zuspruch in meinem Leben?

Varianten:

Die Auswahl der Sprüche kann thematisch eingegrenzt werden.

Links:

Verse bestellen bei:
www.wertvollwort.de

Zuspruch geben

ART DER ÜBUNG	Zuspruch von Bibelversen
GRUPPENGRÖSSE	6–20 Personen
DAUER	ca. 10–20 Min.
GELÄNDE	Indoor, Wald, Halle
MATERIAL	Karten mit Bibelsprüchen (Zuspruch, Segen)

Aufbau:

Karten mit Bibelsprüchen aufhängen.

Instruktion:

Ich möchte euch bitten, die aufgehängten Bibelverse zu betrachten. Bildet hierzu Zweiergruppen und entscheidet euch, wer die Augen geschlossen hält. Der Sehende führt den Blinden zu einem Bibelvers, den er als angemessen empfindet. Dort angekommen, darf der Blinde seine Augen öffnen und den Vers lesen. Unterhaltet euch über den Vers oder die Art der Auswahl. Anschließend wird gewechselt.

Lernimpulse/Transfermöglichkeiten:

Durch das Aussuchen von Bibeltexten füreinander müssen die Teilnehmenden versuchen, die richtigen Worte für ihren Partner zu finden. Dies fordert das Einfühlungsvermögen und die Erkenntnis, dass ein gut gewählter Bibelvers in entsprechenden Situationen wichtig sein kann. Auf dieses fürsorgliche Miteinander baut eine christliche Gemeinschaft, so auch die der Jünger in der ersten Gemeinde.

Auswertungsmethode:

Die Auswertung findet bereits in der Kleingruppe durch die Diskussion über die jeweiligen Verse statt. In der Großgruppe kann noch mal nach der Auswahl und der Stimmigkeit der Verse gefragt werden. Des Weiteren ist es möglich, dass alle ihren Bibelvers mitbringen und daraus ein Gruppengebet entsteht.
Interessant wäre zu erfahren, wie es den Zusprechenden erging?

Varianten:

Über die Auswahl der Bibelverse lassen sich die Komplexität und die Tiefe der Aufgabe steuern. Im Rahmen der Übungsreihe „Die Erfahrungen der Jünger“ bieten sich als Bibelsprüche Aussagen von Jesus selbst an. Ansonsten können auch Verse zu einem bestimmten Thema ausgesucht werden (z. B. Friede).

ZUSPRUCH BEKOMMEN

Autoren: Angelika Haiber, Ingrid Martenka,
Daniel Müller, Jörg Wiedmayer

geführt

ART DER ÜBUNG	Vertrauen
GRUPPENGRÖSSE	2–30 Personen
DAUER	ca. 60–180 Min.
GELÄNDE	Wald
MATERIAL	Jeweils eine Augenbinde und ein Seilstück zu je 3 m pro Paar

Instruktion:

Ich möchte euch heute die Möglichkeit geben, vertrauensvolle Begleitung und Führung auf einem Weg zu erfahren. In der heutigen Zeit stellt uns das Leben vor viele Entscheidungen. Vielleicht habt ihr euch angesichts der unzähligen Entscheidungsmöglichkeiten im Blick auf die private und berufliche Lebensgestaltung schon mal überfordert gefühlt. In einer Welt, die pausenlos Entscheidungen abverlangt, tut der Glaube an eine göttliche Führung einfach gut: Er entlastet. Wäre so was wie eine gute und weise, göttliche Führung nicht wunderbar?

Ich glaube, dass Gott uns Menschen heute auf ganz unterschiedliche Art und Weise begleiten kann. Die Bibel berichtet uns eindrucksvoll von vielen Führungsgeschichten, die zum Beispiel Abraham, Isaak und Jakob erlebt haben. Immer hat Gott seine Hand im Spiel, er schreibt seine Geschichte und kommt zum Ziel. Und wie geht es euch in eurem Leben? Wo habt ihr in eurem Leben das Führen Gottes schon erlebt? Vielleicht habt ihr seine Führung noch nicht richtig wahrgenommen, vielleicht aber auch schon ganz konkrete Erfahrungen gemacht wie Gott eingreift.

Bei der anschließenden Übung könnt ihr euch gegenseitig in mehreren Phasen gewisse Führungserfahrungen ermöglichen, um die Unterschiede einer Begleitung deutlich werden zu lassen. Bitte findet euch hierzu paarweise zusammen. Ihr braucht pro Paar eine Augenbinde und zu Beginn ein Seilstück. Nach Ablauf jeder Phase treffen wir uns wieder hier und ihr bekommt für die nächste Phase neue Anweisungen.

Phase 1 – lange Leine/kurze Leine:

Einer von euch beiden setzt die Augenbinde auf und hält ein Seilende in der Hand. Der Sehende hält das andere Ende des Seils locker in ca. 3 m Abstand mit der Hand. Der Blinde läuft nun los und sucht sich einen beliebigen Weg im Gelände. Er läuft vorne, der Sehende dahinter. Bei einer drohenden Gefahr strafft der Sehende rechtzeitig das Seil und zieht den Blinden dadurch von dem Hindernis zurück. Er gewährleistet so die Sicherheit des Blinden. Nach fünf Minuten wird das Seil gekürzt und straff genommen (ca. 50 cm). Der Sehende führt den Blinden nun wieder fünf Minuten durchs Gelände. Anschließend werden die Positionen gewechselt und die Phase wie beschrieben erneut durchgeführt. Die ganze Übung wird schweigend absolviert.

Tauscht euch dann darüber aus, wie ihr die jeweilige Art der Führung empfunden habt. Gab es gravierende Unterschiede? Wie war es, zu führen?

Phase 2 – mit Abstand/ganz nah:

Im Folgenden sollt ihr euch mit Worten führen. Einer setzt wieder die Augenbinde auf. Der Sehende führt den Blinden nun durch genaue verbale Anweisungen fünf Minuten sicher durchs Gelände. Der Abstand zwischen dem Blinden und dem Sehenden soll so nah wie möglich sein, jedoch ohne Körperkontakt. Danach wird der Abstand so weit wie möglich erweitert, ohne die Sicherheit des Blinden außer Acht zu lassen. Zu Beginn mit geringer Entfernung anfangen, mit fortlaufender

Übung umso größer. Nach fünf Minuten werden die Positionen gewechselt.
Tauscht euch dann wieder aus: Fühltet ihr euch sicher durch die Anweisungen eures Partners? Worauf musste der Führende Acht geben? Gibt es einen Unterschied zwischen der Führung mit Seil und Führung durch Worte?

Variante: Der Blinde „sucht" sich selbst einen Weg, der Sehende gibt dazu die notwendigen Hinweise.

Phase 3 – einer/mehrere:
Es gehen nun immer zwei Paare zusammen. In der folgenden Phase wird der Blinde von seinem Partner wieder ausschließlich durch Worte geführt. Berührungen sind in dieser Phase nicht erlaubt. Ziel der anderen zwei ist es, diese Führung durch Worte oder Laute zu stören, um den Blinden zu irritieren. Vielleicht gelingt es ihnen, das Vertrauen des Blinden durch ihre Anweisungen und für einen anderen Weg zu gewinnen. Nach fünf Minuten wird gewechselt, bis alle durch sind.
Tauscht euch danach wieder über die gemachten Erfahrungen aus. War es leicht, der vertrauten Stimme zu folgen? Hast du dich ablenken lassen? War es eine Verlockung, den anderen Stimmen zu folgen?

Variante: Der Blinde ist vorab nicht auf einen Partner festgelegt, sondern entscheidet sich erst im Laufe der Durchführung, wem er folgen möchte.

Phase 4 – ohne Worte:
Diese Übung wird wieder mit dem vertrauten Partner durchgeführt. Der Sehende führt den Blinden nur mit Geräuschen durchs Gelände. Vorherige Absprachen,

Worte und Berührungen sind nicht erlaubt. Nur in Gefahrensituationen wird durch ein lautes „Stopp“ des Führenden eingegriffen. Der Sehende überlegt sich vorab, wie und mit welchen Geräuschen er den Blinden führen möchte. Auf ein Startsignal des Sehenden hin läuft der Blinde los. Nach fünf Minuten wird abgebrochen und gewechselt. Der Sehende führt den Blinden nun durch kurze und leichte Berührungen durchs Gelände. Vorherige Absprachen sind nicht erlaubt. Auch hier überlegt sich der Sehende wieder vorab, wie und mit welchen Berührungen er führen wird. Auf ein Startsignal des Führenden hin, läuft der Blinde los. Nach fünf Minuten wird abgebrochen.
Tauscht euch dann über die unterschiedlichen Führungsstile, aus der Sicht des Führenden und aus der Sicht des Blinden, aus. Habt ihr euch sicher gefühlt? Gab es Schwierigkeiten? Wenn ja, wo traten diese auf? Was habe ich von dem Führenden erwartet?

Phase 5 – ausgesetzt und allein/gefunden:
Folgende Anweisungen werden nur dem Führenden erklärt:
Der Führende sagt dem Blinden, dass ein kleines Experiment ansteht und er auf keinen Fall die Augenbinde abnehmen darf. Er nimmt den Blinden an der Hand und führt ihn an eine abgelegene Stelle im Gelände, die möglichst wenige Orientierungsmöglichkeiten bietet. Dort lässt er ihn ohne weitere Anweisungen allein und entfernt sich möglichst leise so weit wie möglich von dem Blinden. Der Führende sollte den Blinden aber stets im Blick haben, um in Gefahrensituationen einschreiten zu können. Nach ca. fünf Minuten geht der Führende zu dem Blinden und spricht ihn an mit seinem Namen und den Worten: „Nimm deine Augenbinde ab. Du bist von deiner Unsicherheit befreit.“ Danach wird gewechselt.
Tauscht euch anschließend über die Phase des Alleinseins aus. Wie habe ich mich verhalten? Habe ich dem Partner stets vertraut?

Verschiedene Verhaltensweisen des Blinden sind zu erwarten: Verharren am Ort, Suche des Rückwegs auf eigene Faust, Rufen nach Hilfe etc.
Wenn der Partner im zweiten Durchgang an der Reihe ist, weiß er zwar schon, was auf ihn zukommt, ihm sollte aber trotzdem das Gefühl des „Alleingelassenseins“ ermöglicht werden.

Verlauf:

Die fünf Phasen bauen aufeinander auf, es müssen aber nicht alle fünf Phasen komplett durchgeführt werden. Es gilt Qualität vor Quantität. Die Phasen vier und fünf bauen auf die Phasen eins bis drei auf und sollten nicht ohne ihren Vorlauf gemacht werden. Der Anleitende sollte vorbeugend eingreifen, wenn eine Gefahrensituation für den blinden Teilnehmenden droht und intervenieren, wenn Regeln und Anweisungen nicht befolgt werden. Ohne ein gewisses Grundvertrauen innerhalb der Gruppe ist die Übung nicht zu empfehlen.

Lernimpuls:

Die Sehnsucht nach Führung ist groß. Es gibt viele Fragen im Leben zu entscheiden: Welchen Beruf soll ich ergreifen? Welcher Lebensstil gefällt mir? Viele Christen wissen zu erzählen, wie Gott sie auf einem bestimmten Weg geführt hat. Aber: Wie führt Gott?

Folgende Thesen können einen Hinweis dazu geben:

- Führung durch Gott und eigene Initiative schließen sich nicht gegenseitig aus.
- Gottes Führung lässt manchmal auf sich warten.
- Gott gibt Gewissheit bei Entscheidungen.
- Gott führt uns auf angemessene Weise. Er lässt uns nicht orientierungslos und allein in dieser Welt.
- Gott gebraucht die Umstände und den gesunden Menschenverstand. Aber: meine Gefühle sind nicht immer Offenbarungskundgebungen des Heiligen Geistes. Die geschlossene Tür muss nicht immer der Fingerzeig Gottes sein.
- Gott führt durch die Bibel.
- Gott führt auch durch andere Menschen.
- Gott führt durch Träume und Visionen, auch durch Zeichen und Wunder.
- Gott führt, aber er zwingt uns nicht. Er achtet uns und möchte, dass wir freiwillig auf ihn hören.
- Gott führt, aber er legt uns nicht fest. Wir dürfen trotzdem selbst bestimmen und entscheiden.
- Gott ist bei uns, auch wenn wir uns nicht führen lassen. Er leidet aber sicher mit, wenn es uns nicht gut geht, weil wir seine Nähe nicht suchen.
- Gott führt, auch wenn nicht alles glatt geht, nicht alles gerade läuft in unserem Leben.
- Gott führt Schritt für Schritt. Unser Weg ist nicht taghell beleuchtet, da kann es viel Dunkelheit geben.
- Wohin Gott uns führen will, ist spätestens seit Jesus kein Geheimnis mehr: Gott will dass wir leben, er will uns zum wahren Leben führen.
- Gott führt, auch wenn wir nicht alles verstehen.
- Die Führung Gottes darf rätselhaft bleiben.

Wichtig:

Für viele ist fraglich, dass es Sinn gibt im Leben. Misserfolg, Leiden und Abbrüche machen es Menschen schwer, Sinn zu finden. Was soll der lange Leidensweg? Gibt es da noch Sinn? Was leistet in solchen Situationen noch der Gedanke an „Führung"? Wenn wir von Gottes Führung reden, hat das immer etwas mit Sinn zu tun. Wir sehen einen Sinn, wenn wir am Ende aufatmen, wenn wir etwas lernen konnten durch einen Umweg. Wenn der Sinn nicht da ist, kann ich auch schlecht von Gottes Führung reden. Gerade solche Menschen sollten sich doch von Gott, und von unserer Rede der göttlichen Führung, angesprochen fühlen. (In Anlehnung an: geführt. CVJM-Mitarbeiterhilfe, 2.2009)

Auswertungsmethode:

- Die Auswertungsfragen direkt nach den Phasen sind oben beschrieben. Nach der Gesamtaktion kommt die Gruppe im Plenum zur Schlussreflexion „Stopp and Go" zusammen: Alle bilden einen Kreis, halten sich an der Schulter fest und drehen sich nach rechts im Kreis. Ruft ein Teilnehmender laut „Stopp", hält die Gruppe abrupt an und der Rufer kann ein Statement zu der gesamten Aktion abgeben. Hat er geendet, ruft er laut „Go". Die Gruppe dreht sich dann nach links weiter, bis ein erneutes „Stopp" die Rotation unterbricht usw.

- Alternativ kann der Leitende auch folgende Fragen an die Teilnehmenden richten oder einen Fragebogen zur Einzelarbeit ausgeben:
  - Wie habt ihr bei der Übung die Führung eures Partners empfunden?
  - War es eher einengend oder befreiend zu wissen, dass mich der Partner begleitet?
  - Gab es kritische Momente im Laufe der Übung?
  - Glaube ich, dass Gott mich persönlich auf meinem Lebensweg begleitet?
  - Wie stelle ich mir Gottes Führung vor?
  - Habe ich Gottes Führung in meinem Leben erlebt?
  - Wie führt und leitet Gott Menschen der Bibel?
  - Welche Art der Führung gefällt mir am Besten?
  - Zu welchen Lebenssituationen passt welche Führungsart?
  - Gibt es ergänzende Führungsstile Gottes?

- Weitere Alternative:
  Der Anleitende legt Kärtchen mit Illustrationen der einzelnen Phasen aus. Die Teilnehmenden positionieren sich zu der Karte/Phase, die sie besonders bewegt hat und erläutern ihre Lernerfahrungen dazu. Die als Lernimpulse angeführten Thesen werden auf Kärtchen ausgedruckt ausgelegt. Die Teilnehmenden stellen sich zu der These, die ihnen am meisten zusagt und tauschen sich anschließend mit den anderen darüber aus. Findet sich nur ein Teilnehmender an einer These ein, geht er zu einer anderen Kleingruppe dazu.

Varianten:
In den einzelnen Phasen sind teilweise Varianten beschrieben.

BARCELONA

DRAUSSEN

Autor: Achim Großer

Labyrinth bauen

ART DER ÜBUNG	Wahrnehmung, Kooperation
GRUPPENGRÖSSE	4–30 Personen
DAUER	Kreativphase ca. 30–180 Min., Erlebnisphase ca. 40 Min.
GELÄNDE	Ebene Freifläche oder lichter Wald
MATERIAL	Je nach Gelände sind unterschiedliche Materialien möglich, z. B. Steine, Seile (mindestens 100 m für jeden Teilnehmenden), Holz, Walze, Rasenmäher, Pylone, Sichel etc., bei Bedarf Absperrband zur Feldbegrenzung, bei Dunkelheit Lichter in Gläsern oder Knicklichter, Augenbinden (für Varianten)

Aufbau:

Ein vorbereiteter Aufbau wird nicht benötigt. Während der Übung bauen die Teilnehmenden das Labyrinth selbst. Je nach Gelände ist es notwendig, das zur Verfügung stehende Gebiet vorher mit Absperrband zu begrenzen. Hilfreich ist eine spannende und interessante Freifläche, in der die Gruppe ungestört arbeiten kann.

Instruktion:

Labyrinthe finden sich auf der ganzen Welt. Sie werden im Gegensatz zu Irrgärten dazu genutzt, symbolisch einen Weg zu einer Mitte/zu deiner Mitte zu gehen. Ihr könnt heute zusammen ein Labyrinth bauen, hier im Freien (nun bitte die nutzbare Fläche anzeigen). Ich habe dazu ein Blatt mitgebracht, auf dem ihr euer Labyrinth zuerst aufzeichnen und dieses dann in der zur Verfügung stehenden Zeit hier im Gelände mit den vorhandenen Materialien aufbauen könnt. Wenn ihr fertig seid, wird jeder im Abstand von zwei Minuten das Labyrinth für sich gehen. Das Labyrinth kann danach für eine gewisse Zeit bestehen bleiben, so dass ihr es immer wieder begehen könnt. Bitte zerstört dabei nicht die Natur, indem ihr Äste knickt oder Pflanzen mit Wurzeln ausreißt.

Verlauf:

Bei jüngeren Teilnehmenden kann es hilfreich sein, Beispielbilder von anderen Labyrinthen mitzubringen, damit sie eine Vorstellung davon gewinnen, wie ein Labyrinth aussieht und gestaltet werden kann.

Die Teilnehmenden finden normalerweise schnell in die Kreativphase hinein. Der Trainer hält sich weitestgehend mit Ideen zurück, damit das Labyrinth wirklich das Labyrinth der Gruppe wird. Für den Bau im Wald und auf großen Freiflächen/Geröllfeldern/Waldmulden mit und ohne Wasser etc. (bitte an Erste-Hilfe-Koffer denken) braucht das Bauen viel Zeit. Hier kann bei Gruppen auch schon ein ganzer Tag schnell vergehen, wobei die Ergebnisse sehr faszinieren. Deshalb sollten die Größe und die Möglichkeiten der Gestaltung an den zeitlichen Möglichkeiten ausgerichtet werden.

Obwohl der Unterschied erklärt wurde, bauen manche Gruppen doch Irrgärten. Das ist solange o.k., wie es inhaltlich zur Aufgabe passt. So können z. B. bei einem Labyrinth, das in der Mitte den Weg zu Gott symbolisiert auch kleine Irrwege eingebaut werden.

Ist das Labyrinth fertig gestellt, trifft sich die Gruppe am Startpunkt und geht wie oben beschrieben durch das Labyrinth. Bei größeren Gruppen kann dies auch in mehreren Kleingruppen geschehen. Hierbei kann jeder Erbauer seinen eigenen Abschnitt kommentieren oder den anderen vorstellen.

Lernimpulse/Transfermöglichkeiten:

Gerade diese Übungen, die den Teilnehmenden viele Möglichkeiten der kreativen Teilnahme ermöglichen, sind von den Erfahrungswerten dicht. Unterbewusste Gedanken, Erfahrungen, Erlebnisse und Meinungen können kreativ umgesetzt und bewusst gemacht werden. Durch die eigene Gestaltung rückt der Erfahrungshorizont näher und das Erlebnis wird intensiver, als wenn Übungen von außen gestellt werden. Durch diese Form wird der Teilnehmende zum Mitgestaltenden und Raum für (Gottes-)Begegnungen werden neu eröffnet.
Das Labyrinth gibt den Impuls, den Weg Gottes mit mir bzw. meinen Weg mit Gott zu erkennen und mich selbst – mit meinem derzeitigen Punkt meines Weges – zu finden. Das Labyrinth kann auch genutzt werden, um den eigenen Lebensweg oder seinen Weg mit Gott nachzubauen und zu erleben (siehe Varianten).
Das gegenseitige Vorstellen lässt die Teilnehmenden an den Überlegungen und Erfahrungen der Anderen teilhaben. Dadurch wird eine gemeinsame Gesprächsgrundlage mit Anknüpfungspunkten für die anschließende Reflexion geschaffen.

Auswertungsmethode:

Im Anschluss an die Besichtigung/Vorstellung des Labyrinths findet ein Auswertungsgespräch statt.
Fragen zum Bau des Labyrinths:

- Wie ging es euch beim Gestalten des Labyrinths?
- Welche Facetten eures Glaubens konntet ihr einbauen?
- Was hat das Bauen des Labyrinths in euch ausgelöst?
- Welche Bedeutung hatte die Mitte für euch?

Fragen zum fertigen Labyrinth:

- Wie komplex wurde das Labyrinth gebaut?
- Gibt es besonders auffällige Labyrinthteile?
- Gibt es unterschiedliche Materialien? Welche Bedeutung haben sie eingenommen?
- Wie ist das Verhältnis von Kurven und geraderen Strecken im gemeinsamen Labyrinth?
- In deinem Teil: Was bedeuten die Kurven, was die geraden Strecken? Wie wichtig sind sie für unseren Glaubensweg?
- Wie schnell kann ich mich auf den Geraden und den Kurven durch das Labyrinth bewegen, wie weit kann/muss ich dafür voraussehen? Wann denke ich mehr über den weiteren und wann über den zurückliegenden Weg nach?
- Was nehmt ihr beim Betrachten des Labyrinths wahr? Wird euch dabei etwas bewusst? Welche Fragen und Gefühle tauchen auf?

Varianten:

- Das Labyrinth bleibt nach der Auswertung für mehrere Stunden/Tage bestehen, so dass es von den Teilnehmenden immer wieder neu begangen werden kann. Die Teilnehmenden können sich dadurch wiederholt mit dem Labyrinth, insbesondere dem eigenen Abschnitt auseinandersetzen. Durch die Auswahl des Platzes und die zur Verfügung stehenden Materialien entsteht eine große Vielfalt (Wiese, Wald, Strand, Schnee, Watt, Geröllfeld etc.).

- Das tagsüber nur aus Seilen z. B. im Wald aufgebaute Labyrinth wird abends mit Augenbinden alleine von den Teilnehmenden zeitversetzt begangen.

- Eine Indoorvariante ist, das Labyrinth als persönlichen Lebensweg/Glaubensweg mit Tonstempeln auf weichem, ausgewelltem, schnelltrocknendem Ton, zu gestalten.

Autoren: Werner Knapp, Peter Heiter

Lebens-Lauf

ART DER ÜBUNG	Vertrauen, Kooperation
GRUPPENGRÖSSE	10–30 Personen
DAUER	ca. 10–30 Min.
GELÄNDE	Auf ebener Freifläche, Halle, Wald
MATERIAL	Augenbinden, Hindernisse (Stühle, Tische, Bänke, o. Ä.), Seil, Äste, Wurzeln

Aufbau:

Vor Beginn wird mit einem Seil eine Start- und Ziellinie im Abstand von ca. 10–30 m markiert. Dann werden die Hindernisse (eventuell auch mit den Teilnehmenden) zwischen den Linien postiert.

Instruktion:

Für die Übung brauchen wir zwei gleich große Gruppen. Ihr seht die Start- und die Ziellinie und die Hindernisse dazwischen. Aus jeder Gruppe sollen gleich viele freiwillige Läufer diese Strecke einzeln und nacheinander mit verbundenen Augen bewältigen, möglichst ohne die Hindernisse zu berühren. Die eigene Mannschaft wird jeweils durch Zurufen versuchen, ihren Läufer sicher ans Ziel bringen. Die andere Gruppe darf ebenfalls durch Zurufe versuchen, den blinden Läufer vom idealen Weg abzubringen, ohne ihn aber bewusst auf ein Hindernis auflaufen zu lassen. Ihr habt zu Beginn maximal 10 Min. Zeit, Freiwillige zu finden und euch genaue Absprachen zu überlegen. Bei drohenden Gefahren werde ich mir vorbehalten, die Übung abzubrechen. Bitte achtet genauestens auf die Sicherheit der Läufer.

Verlauf:

Die Läufer werden von jeder Gruppe abwechselnd auf die Strecke geschickt.

Lernimpulse/Transfermöglichkeiten:

Jedes Leben hat einen Start und ein Ende (Ziel). Wie der Weg mit den Hindernissen dazwischen bewältigt wird, kann ganz unterschiedlich aussehen. Manche Läufer vertrauen sich ohne weiteres anderen Menschen an und lassen sich durch sie führen. Andere versuchen, auf eigene Faust einen Weg durch die Hindernisse zu finden. Stimmen von außen lenken die Läufer vom richtigen Weg ab – es ist schwer die richtigen Stimmen aus dem Wirrwarr auszumachen. Gott spricht uns zu, dass er uns auf unserem Lebenslauf begleitet und vorangeht (Psalm 119,105). Auch im bekannten Psalm 23 heißt es, dass er uns auf dem rechten Weg führen möchte. Er möchte, dass unser Lebensweg gelingt. Lernen wir auf seine Stimme zu hören und ihm zu vertrauen, auch wenn es um uns herum laut wird.

Auswertungsmethode:

Eine gewisse Auswahl an Karten mit unterschiedlichen Motiven, auf denen Wege, Straßen oder Kreuzungen abgebildet sind, wird auf dem Boden ausgelegt. Die Teilnehmenden sollen sich nun eine Karte aussuchen, die ihrer Ansicht nach zu der Aktion bzw. zu ihrem persönlichen Empfinden während der Übung passt. Jeder stellt dann seine Karte vor und erläutert, wieso er sie ausgesucht hat.

Anschließend kann man zu folgenden Fragen ins Gespräch kommen:

- Auf wen höre ich im Leben?
- Wer darf mir was sagen?
- Welches Ziel habe ich?
- Kann ich im Leben mein Ziel verfehlen?
- Stimmt der Lauf der Übung mit dem realen Leben überein?
- Wo hinkt der Vergleich?
- Wie ist Gott am Wirken?
- Wo hole ich mir Hilfe?
- Was ist, wenn der Versuch gescheitert ist und Hindernisse berührt wurden?
- Wie gehe ich mit Misserfolg und Scheitern in meinem Leben um?
- Inwiefern treffe ich in meinem Glauben auf Hindernisse?

Varianten:

- Variante 1 – Zeitfaktor verschärfen
  Die eigene Mannschaft versucht, durch lautes Rufen „ihren Läufer“ ans Ziel bringen. Dabei wird die Zeit gestoppt. Am Ende gibt es „Bonuspunkte“ in Form von Sekunden durch einen „Ziel-Schuss“ (per Finger) auf eine Zielscheibe (mit RIngen, die 20, 40, 60, 80, 100 Punkten entsprechen).
  Auch hierbei geben die Mitspieler verbale Hilfestellung. Die Zeit-Komponenten verschärfen diese Situation, auf wen man genau hören soll. Das Ziel-Scheiben-Treffen setzt den Einzelnen („höher“, „höher“, „tiefer“, „weiter rechts“) noch mehr unter Druck.

  Lernimpulse/Transfermöglichkeiten hierzu:
  Auch im Leben ist das unsere Erfahrung, dass auf unserem Lebenslauf Entscheidungen „just in time“ getroffen werden müssen, und dass wir dabei gute und schlechte Ratgeber haben. Zugleich: Eine vorschnelle Orientierung unter Zeitdruck begünstigt falsche und oft schmerzhafte Entscheidungen (bei der Übung z. B. ein Hindernis, das einem in die Quere kommt). Dies gilt vor allem auch im geistlichen Bereich, wo uns manche Menschen zu vorschnellen „Entscheidungen“ nötigen. Geistliche Orientierung auf unserem Lebenslauf geht eben nicht so punktuell und mit einmaligen Entscheidungen. Geistliche Orientierung heißt im Kontrast zu den beschleunigenden Elementen dieser Übung: sich Zeit „nehmen“, immer wieder stehen bleiben, die richtige Stimme vernehmen. Gottes Lebensbegleitung ist kein Standard-Programm, das nur an einem Punkt gestartet werden muss, und dann abläuft, sondern Gottes Lebensbegleitung orientiert unser Leben individuell und immer wieder neu. Wer Gott sucht, macht sich auf eine Entdeckungsreise – mit einem prägnanten Schlagwort: Wer Gott sucht, macht „eine Expedition zum ICH“ über das DU, das Gott zu IHM/IHR spricht.

- Variante 2:
  Die Hindernisse zwischendurch neu anordnen.

Autoren: Angelika Haiber, Ingrid Martenka, Daniel Müller, Jörg Wiedmayer

Du bist eingeladen

ART DER ÜBUNG	Nachtaktion
GRUPPENGRÖSSE	3–20 Personen
DAUER	30–60 Min.
GELÄNDE	Lichter Wald mit wenig Unterholz und keinen gefährlichen Hindernissen; große Wiese
MATERIAL	Eventuell Essen und Trinken für den Gottesdienst

Instruktion:

Ich möchte euch heute die Möglichkeit geben, Stille und Alleinsein zu erfahren und auszuhalten. Wir werden zuerst alle gemeinsam an einen zentralen Ort im Gelände gehen. Von dort aus bekommt ihr von einem Mitarbeitenden einen ganz persönlichen Platz zugewiesen und könnt dort für eine gewisse Zeit zur Ruhe kommen. Wir werden euch dann zu gegebener Zeit ein Angebot machen, dieser Einsamkeit zu entfliehen.

Um es so eindrücklich wie möglich zu gestalten, werden Taschenlampe, Handy und sonstige technische Geräte nicht mitgenommen.

Verlauf:

Der Leitende führt die Gruppe gemeinsam an einen ausgesuchten Ort, der die Mitte und den Treffpunkt der Aktion bildet. Von dort aus werden die Teilnehmenden von den Mitarbeitenden einzeln an einen individuellen Platz im Gelände geführt. Diese Mitarbeitenden sind für die jeweiligen Teilnehmenden für die Dauer der Aktion verantwortlich. Der Platz sollte in Sicht- und Hörweite der Mitte sein. Die Mitarbeitenden geben den Teilnehmenden jeweils folgende Instruktion: „Bleib allein an diesem Ort. Sei wach und aufmerksam (je nach Zielgruppe auch: „Wache und bete“). Wenn du nicht mehr alleine bleiben kannst, komm zur Mitte.“ Nach ca. 10–20 Min. (je nach Zielgruppe) kommen die Mitarbeitenden nacheinander zu ihren Teilnehmenden und sprechen ihnen zu: „Du bist eingeladen. Komm mit“. Der Mitarbeitende nimmt den Teilnehmenden bei der Hand und führt ihn zum Treffpunkt.

Es muss von dem Leitenden sichergestellt werden, dass alle Teilnehmenden beim Treffpunkt eingetroffen sind. Wenn dann alle an dem Treffpunkt, der so einladend wie möglich gestaltet sein sollte, versammelt sind, kann entweder das Abendmahl oder ein Fest mit Essen und Trinken gefeiert werden oder mit einer Gottesdienstliturgie die Übung abgeschlossen werden. In diesem Rahmen sollte die Aktion auch reflektiert werden. Eventuell kann es auch sinnvoll sein, alle Teilnehmenden erst zu versammeln. Dann läuft man gemeinsam zu dem schön hergerichteten Treffpunkt. Dieser ist außer Sicht- und Hörweite der Teilnehmenden vorbereitet worden. Dadurch entsteht keine Ablenkung während der Übung und der gemeinsame schweigende Weg dahin bekommt noch zusätzlich etwas Feierliches.

Lernimpulse/Transfermöglichkeiten:

- Alleinsein erfahren und aushalten.
- Gott lädt dich ein zum Leben. Nimmst du die Einladung an?
- Glaube und Gemeinschaft kann mich befreien und auffangen.
- Bei Gott bin ich in Sicherheit.

Es kann auch auf die Situation der Jünger im Garten Gethsemane Bezug genommen werden. In Matthäus 26,38-44 wird berichtet, wie Jesus kurz vor seiner Gefangennahme die Jünger mit dem Auftrag: „wachet und betet“ allein zurück ließ.

Auswertungsmethode:

Folgende Fragen können gestellt werden:

- Wie hast du die Übung empfunden?
- Wie war es allein zu sein?
- Welche Gedanken kamen dir in der Phase des Alleinseins?
- Wie war es eingeladen zu werden?
- Will ich mich rufen lassen?
- Bleibe ich lieber allein?
- Ist es mir schwer gefallen, zur Gruppe zurückzukehren?
- Hast du dich in der Gemeinschaft geborgen gefühlt?

Varianten:

Als Zeichen des Zusammenkommens und der Einladung:

- Eine große Kerze oder Fackel entzünden, die von allen Plätzen aus sichtbar ist
- Ein Lied anstimmen das zur Gemeinschaft ruft (z. B. „Bleibet hier“, Die Gesänge aus Taizé Liederbuch, Herder Verlag; „Wo zwei oder drei in meinem Namen versammelt sind“, Evangelisches Gesangbuch).
- Die Teilnehmenden haben eine Kerze/Fackel dabei, die beim Zusammenkommen an der großen, zentralen Lichtquelle entzündet wird.
- Den Teilnehmenden kann ein Licht/eine brennende Fackel mit auf den Weg gegeben werden. Passende Lieder dazu: „Tragt in die Welt nun ein Licht”, Singt von Hoffnung, Evangelische Verlagsanstalt; „In the light” von DC Talk, In love with Jesus 1, Gerth Medien.

DEM DUNKEL BEGEGNEN

Autor: Heinz Banzhaf

Getragensein – Vertrauensübung in Kanus

ART DER ÜBUNG	Vertrauensübung in Kanus
GRUPPENGRÖSSE	Bis zu 12 Boote (3er-Kanus)
DAUER	15 Min.
GELÄNDE	In Kanus auf dem Wasser
MATERIAL	Kanus, für jeden Teilnehmenden eine Kopie des 91. Psalms

Aufbau:

Für die Übung ist leicht fließendes Gewässer von Vorteil. Für die Instruktionen auf dem Wasser setzt sich der Anleitende in die Mitte des „Floßes". Dort wird er von allen gut gehört. Der Anleitende kennt die Strecke gut, damit während der Übung von der Gruppe keine großen Hindernisse umfahren werden müssen oder Stromschnellen warten. Kanufahren sollte nur von entsprechend ausgebildeten Personen angeleitet werden

Instruktion:

Zu der folgenden Übung werden wir uns in der Mitte des Flusses mit den Booten treffen und dort ein „Kanufloß" bilden. Haltet dazu dann die Boote neben euch mit den Händen fest. Die Teilnehmenden in den äußeren Booten haben die Aufgabe, das „Floß" mit Paddelschlägen in der Mitte des Flusses zu halten. Wenn diese Formation steht, werde ich die Übung weiter erklären.

Bitte schaut euch mal genau um.

- *Entdeckt ihr ein „Prinzip", das alles zusammenhält?*
- *Entdeckt ihr das Prinzip des „Getragenseins"?*
- *Wo entdeckt ihr dies um euch herum?*
- *Wer kann mir Beispiele nennen?*
  (Z. B.: die Erde trägt die Bäume – deutlich an herausragenden Wurzeln an Uferabbrüchen zu sehen – die Äste werden von Bäumen getragen, die Blätter von Zweigen, die Boote werden vom Wasser getragen.)
- *Welche Beispiele aus eurem Alltag fallen euch ein, in denen ihr „getragen" werdet (z. B. Familie, Freunde, Schule etc.)?*

Auch die Bibel wird von diesem Prinzip bestimmt. Wenn wir in der Bibel lesen, entdecken wir, dass die Menschen von Gott oder von Jesus getragen werden. Er begleitet sie und hilft ihnen, auch schwierige Lebenssituationen durchzustehen. In den Psalmen drückt ein Beter diese Hilfe so aus: (die Kopien werden an die Teilnehmenden in den Booten verteilt, sie lesen die Verse der Reihe nach im Wechsel laut vor). Kernverse sind die Verse 11 und 12 aus Psalm 91: „Denn er hat seinen Engeln befohlen, dass sie dich behüten auf allen deinen Wegen, dass sie dich auf den Händen tragen und du deinen Fuß nicht an einen Stein stoßest." Ich möchte euch nun einladen, dieses „Getragensein Gottes" selbst zu spüren. Die zwei Teilnehmenden an der linken und rechten Seite werden das Kanufloß während der Übung wieder lenken. Bitte sucht euch dann eine bequeme Position auf dem Boot und schließt für eine Minute eure Augen.

Wenn die Minute um ist, werde ich die Übung mit einem Gebet abschließen (alternativ kann auch gemeinsam das Vater Unser gebetet werden).

Lernimpulse/Transfermöglichkeiten:

In Psalm 91 wird beschrieben, wie sich der Beter ganz auf Gott verlässt. Wenn er unter dem Schirm Gottes sitzt, kann er beruhigt Gott als seine Burg bezeichnen und alle Hoffnung auf ihn setzen. Er weiß, dass Gottes Engel ihn auf allen Wegen behüten werden. Sie tragen ihn förmlich auf Händen. Die Teilnehmenden erleben in der Übung, wie sie in den Booten vom Wasser getragen werden und sich eine gewisse Zeit zurücklehnen und ganz auf die anderen verlassen können. Ähnlich möchte auch Gott uns tragen. Nicht, dass er mir für immer alle Verantwortung aus den Händen nimmt, mich nichts tun lässt und ich über-behütet werde. Aber ich darf wissen, dass ich mich auf Gott verlassen kann, dass er meine Hoffnung und mein Schutz ist.

Auswertungsmethode:

Im Anschluss an die Kanutour kann in Kleingruppen nochmals darauf eingegangen werden, wie die Teilnehmenden die Minute erlebt haben. Auch auf den Psalm kann zurückgegriffen werden.

Varianten:

- Natürlich können auch andere Verse aus der Bibel ausgewählt werden. Möglich sind auch Bibelverse auf kleinen Zetteln, die den Teilnehmenden zum Vorlesen verteilt werden.
- Die Minute des Vertrauens kann je nach Gruppe und Gewässer auch verlängert werden, um die Intention zu vertiefen.
- Passend ist auch das bekannte Gedicht: Spuren im Sand.

Links:

Lied: Auf Händen getragen aus:
Du bist Herr, Kids 1,
Text und Melodie:
Daniel Kallauch,
Rechte: 1994 cap!-music

DEM FLUSS FOLGEN

Autor: Simon Wöhrbach

Joshuas Walk – Vertrauensübung auf dem Hochseil

ART DER ÜBUNG	Vertrauen (Hochseilelement)
GRUPPENGRÖSSE	8–20 Personen
DAUER	Aufbau je nach Erfahrung, Durchführung je Person ca. 10 Min.
GELÄNDE	Wald
MATERIAL	Diverses Kletter- und Sicherungsmaterial Da sich diese Übung nur an erfahrene Personen richtet, wird hier auf eine detaillierte Beschreibung verzichtet. Eine fachgerechte Zusammenstellung wird vom Anleitenden dieser Übung vorausgesetzt.

Aufbau:

Hochseilelemente sollten nur von erfahrenen, bzw. ausgebildeten Personen betrieben werden. Falscher oder unsachgemäßer Aufbau und Anleitung können zu lebensgefährlichen Verletzungen führen.
Das Hochseilelement wird zwischen zwei Bäumen aufgebaut. Für den pädagogischen Hintergrund ist besonders das Halteseil wichtig (sinnvollerweise mit einem „Bedienseil", um es an den Start zurückziehen zu können).
Generell empfiehlt sich ein redundantes System mit Sicherung vom Boden. Das Spannen der Seile lässt sich vergleichsweise einfach umsetzen, wenn am Boden mit Hilfe der Gruppe an einem dritten Baum ein Flaschenzug eingerichtet wird. Ohne Verwendung der Leiter als Aufstiegshilfe muss deutlich mehr Zeit einberechnet werden.

Instruktion:

Ich möchte euch heute einladen, einem ganz speziellen Bibelvers auf die Spur zu kommen. Er steht in Josua 1,5 und lautet: „Ich lasse dich nicht fallen und verlasse dich nicht." Gott richtet diese Worte ursprünglich an Josua, als er die politische Verantwortung für das Volk Israel in einer Zeit des Umbruchs übernimmt. Und heute möchte ich diese Worte euch zusagen, bevor ihr euch nacheinander an die Begehung des Seilelements machen könnt. (Es folgen eine genaue Erklärung von Aufgabe, Ablauf und Handhabung der Übung.)

Verlauf:

Der Teilnehmende steigt über die Leiter auf das Seilelement. Oben angelangt kann er behutsam auf dem „Laufseil" von der einen Seite auf die andere Seite gehen. Hilfestellung gibt ihm dabei das Halteseil. Bei der Übung wird er vom Leitenden oder von fachlich instruierten Teilnehmenden gesichert. Wichtig ist eine gute Kommunikation mit dem Begehenden. Eventuell muss die Gesamtgruppe darauf hingewiesen werden, dass sie sich ruhig verhält. Wenn die Person das Element ganz allein begehen soll, kann es sinnvoll sein, die restliche Gruppe an einem anderen Ort warten zu lassen.

Lernimpuls/Transfermöglichkeiten:

Diese Übung kann zum einen gut auf der ersten Ebene, also ohne christlichen Bezug, reflektiert werden, indem elementare Erfahrungen und Bedürfnisse wie Angst, Sicherheit, Vertrauen und Verantwortung zur Sprache kommen. Des Weiteren steckt aber noch sehr viel mehr darin. Zur Hinführung auf der dritten Ebene wurde schon zu Beginn der Aktion durch den Einstieg mit dem Bibelvers eine Auseinandersetzung damit angeregt. Der Vers macht deutlich, dass Gott die Verantwortung für Josua trägt. Er hat Josua in seiner Hand, nicht umgekehrt. Das Versprechen Gottes an Josua zielt also zum einen auf eine Art Urvertrauen Josuas, dass er Gott nicht egal ist und sich in jedem Fall immer auf ihn verlassen kann, und zum anderen auf Josuas Treue, die aus diesem Vertrauen erwächst. Josua kann dadurch ohne Abstriche aus diesem Vertrauen heraus leben und dem Herrn unablässig die Treue halten. Gott lässt uns, anders als vielleicht in zwischenmenschlichen Beziehungen schon erlebt, nie endgültig fallen, sondern hält an uns fest.

Auswertungsmethode:

An dieser Stelle können die Teilnehmenden nun das Erlebnis und den Bibelvers verknüpfen. Dabei ist es unerheblich, ob eine Person die Übung beim ersten Mal geschafft hat, oder ob sie auch beim dritten Versuch gescheitert ist. Aufbauend auf der Verbindung zwischen der Übung und dem Bibelvers geht es dann an den Übertrag in den Alltag der Teilnehmenden. Hier spielen besonders die von den Teilnehmenden gemachten Erfahrungen eine Rolle, da sie oft der Anstoß sind, Verhaltens- und Ansichtsweisen im persönlichen Alltag und Christsein zu verändern.

Folgende Fragen können in einer Auswertungsrunde den Teilnehmenden helfen, ihren Glauben zu reflektieren und individuelle Perspektiven zu entwickeln.
- Ihr wisst sicher noch, welchen Bibelvers ich euch am Anfang mit auf den Weg gegeben habe (Ich lasse dich nicht fallen und verlasse dich nicht). Ist euch dieser Vers in der Übung an einer Stelle begegnet?
- Der Bibelvers sichert uns zu, nicht fallen gelassen zu werden. Stimmt das?
- Gibt es Parallelen zwischen der Übung und eurem Alltag?
- Seid ihr schon einmal „fallen gelassen" worden?
- Gibt es Parallelen zwischen der Übung und eurem Leben mit Gott (hier kann auch gezielt auf einzelne Elemente des Aufbaus eingegangen werden, wie Sicherungsseil, Karabiner, Laufseil, „Schlucht", sichernde Person etc.)?
- Macht ihr in eurem Leben die gleichen Erfahrungen, wie ihr sie in der Übung gemacht habt?
- Wurde euch bei der Übung oder jetzt in der Reflexion etwas bewusst, das ihr mit in euren Alltag nehmen wollt?
- Gibt es etwas, das ihr in eurem Alltag ab jetzt ändern wollt?

Varianten:

- Oben am Baum kann auch ein Schild mit dem Bibelvers angebracht werden, welches der Teilnehmende aber erst entdeckt und lesen kann, wenn er die Leiter hochgestiegen ist.
- Wenn der Teilnehmende den zweiten Baum erreicht hat, kann er zur Mitte zurück gehen, sich ins Sicherungsseil setzen, fallen lassen oder sogar bewusst hinein springen.
- Ab dem Moment, in dem die Person auf dem Seil steht, kann das Element auch blind begangen werden.

Links:

- Übersicht zum Aufbau von Seilelementen und zu Sicherheitsaspekten: Philipp Strasser: Spannung zwischen Bäumen, S. 27 f.
- Drum prüfe, wer ans Seil sich bindet. Einführung in die Arbeit mit stationären Ropes-Courses, ZIEL-Verlag.
- Von Fall zu Fall. Jugend Gottesdienst Material 2006, Evang. Landesjugendpfarramt in Württemberg.

Autoren: Angelika Haiber, Stephanie Sirucek, Werner Knapp,
Ingrid Martenka, Simon Wöhrbach

Slack Dating – Niedrigseil

ART DER ÜBUNG	Kooperation
GRUPPENGRÖSSE	8–20 Personen
DAUER	ca. 30 Min., bei schwierigerer Variante länger
GELÄNDE	Wald
MATERIAL	Slackline oder Spanngurte (alternativ Statikseile), Karabiner, Bandschlingen, Helme; für die Variante: Augenbinden

Aufbau:

Zwischen drei stabilen Bäumen wird mit dem Material ein „V" aufgebaut. Weicher, freier Waldboden zwischen den Bäumen ist empfehlenswert. Totholz aus den Ästen sollte soweit wie möglich entfernt werden. Die Seile werden auf Schritthöhe angebracht. Ein Hochschnellen des Seiles kann vermieden werden, wenn sich Personen auf das Seil setzen. Diese Übung ist nicht ungefährlich, da Stürze zu erwarten sind, Helme sind daher Pflicht. Darüber hinaus muss der Gruppe das Spotten (gegenseitiges Absichern) erklärt werden. Weitere Tipps zum Aufbau sind in der Literatur unter „Links" zu finden.

Instruktion:

Bei dieser Übung ist eure Aufgabe, in zwei Zweierteams auf den Seilen aneinander vorbei zu gehen. Eine Zweiergruppe beginnt am schmalen Teil des „V´s", die andere steigt am breiten Teil auf. Ziel ist es, dass alle über die Seile zum anderen Baum gelangen. Dabei müssen die zwei Paare aneinander vorbei. Niemand darf zwischendurch den Boden berühren, sonst muss die Aufgabe von neuem begonnen werden. Ihr dürft euch nur mit flachen, geöffneten Händen berühren. Es sind keine weiteren Hilfsmittel erlaubt. Bitte achtet genau auf eure Sicherheit.

Verlauf:

Immer vier Teilnehmende machen die Übung, der Rest der Gruppe spottet. Es kann sinnvoll sein, die Paare einzuteilen. Die Spottenden sind in jedem Fall zu koordinieren, falls die Gruppe dies nicht von sich aus schafft. Es ist darauf zu achten, dass die Teilnehmenden sich nur mit flachen, geöffneten Händen gegenseitig stützen, da andernfalls ein hohes Verletzungsrisiko besteht.

Lernimpulse/Transfermöglichkeit:

Diese Übung passt sehr gut zur Geschichte von David und Jonathan (1. Samuel 16 f.). Für die Reflexion mit den Teilnehmenden ist es förderlich, die Übung in einen größeren Zusammenhang einzubetten, beispielsweise eine Freizeit, bei der David das biblische Thema ist.

Die Freundschaft der beiden ist ein zentrales Element der Geschichte. Als David an Sauls Hof kommt, lernen sich die beiden kennen und eine enge Freundschaft entsteht. Jonathan, der Königssohn, stellt David, den Bauernjungen, auf die gleiche Stufe. Als sich der Konflikt zwischen Saul und David verschärft, tritt Jonathan mehrmals für David ein und verhilft ihm später zur Flucht. Trotz ihrer immer wiederkehrenden geographischen Entfernung haben sie stets die freundschaftliche Verbindung aufrechterhalten.

Alternativ zur Geschichte von David und Jonathan sind weitere Ansatzpunkte denkbar:
Jesus möchte uns begleiten. Er will uns Halt geben. In Johannes 15,14 sagt Jesus zu seinen Jüngern: „Ihr seid meine Freunde, wenn ihr tut, was ich euch gebiete.“ Das bedeutet, Jesus lädt uns ein, in eine freundschaftliche Beziehung mit ihm zu treten. Dies ist ein Zuspruch für uns. Ein Angebot, das aber an Bedingungen geknüpft ist, denn Jesus fordert seine Jünger damit heraus. Auch für uns gibt es in der Bibel viele Themen und Anregungen, die unserem Leben Sinn und Halt geben wollen, damit es tragfähig wird und bleibt. Ähnlich dem Gegenüber auf dem Seil bei der Übung brauchen wir in unserem Leben den Kontakt zu Jesus, der uns dabei stützt, um es zu meistern.

Auswertungsmethode:

Austauschrunde über Eindrücke und Empfindungen:

- Was hat euch beim Begehen am meisten fasziniert?
- Was war für das erfolgreiche Absolvieren wichtig?
- Wie war das Miteinander mit eurem Teampartner?
- Welche Rolle spielte für euch das andere Team?
- Wie habt ihr die Überkreuzung wahrgenommen?

Bezugnehmend auf die schon behandelte biblische Geschichte:

- Heute haben wir die Geschichte von David und Jonathan kennen gelernt. Erkennt ihr Parallelen zwischen der Geschichte und dem gerade Erlebten?
- Welche Gedanken kommen euch zu den Stichworten: Treue, Halt geben und Gefahr?
- Wie alleine und hilflos wäre David gewesen, wenn er Jonathan nicht gehabt hätte? Wie wichtig war für David und Jonathan das jeweilige Gegenüber?
- Welche Personen spielen in eurem Leben eine sehr wichtige Rolle?

Zur Vertiefung und als Übertrag in das persönliche Leben können die Teilnehmenden einen Brief an eine dieser Personen schreiben, in dem sie formulieren, warum diese Person für sie so wichtig ist. Passend ist hier möglicherweise auch mal, Dank auszusprechen. Auf freiwilliger Basis können die Teilnehmenden den Brief den Personen auch zukommen lassen.

Varianten:

- Die Teilnehmenden müssen auch das Seil wechseln (schwierigere Aufgabe für „Könner").
- Jedes Pärchen bekommt eine Augenbinde. Somit sehen nur noch zwei der Vier (verstärkt die Themen Abhängigkeit und Vertrauen).

Links:

Philipp Strasser: Spannung zwischen Bäumen, S. 27 f.
(eine Übersicht zu Aufbau und Sicherheitsaspekten)

TAGES AKTIONEN

Einleitung

Im folgenden Kapitel werden zwei Tagesaktionen vorgestellt: „Vertrauen bauen" und „Tiefgründiges im Untergrund". Die Aktionen setzen sich jeweils aus mehreren Übungen zusammen, die gemeinsam eine inhaltliche Einheit bilden und aufeinander aufbauen:

Bei der Tagesaktion „Vertrauen bauen" steht die Natursportart Klettern im Mittelpunkt. Beschrieben sind hier Übungen, die dieses erlebnispädagogische Element in einen christlichen Zusammenhang stellen. Die Teilnehmenden erleben dabei Vertrauen hautnah und reflektieren die Bedeutung von Vertrauen auf dem Hintergrund ihrer persönlichen Lebenserfahrungen. Sie bekommen die Möglichkeit, Vertrauen im Horizont christlichen Glaubens kennen zu lernen.

Mit einer Höhlenbefahrung führt „Tiefgründiges im Untergrund" in Erfahrungsräume, die ganz anders sind als die alltägliche Umgebung. Der an Eindrücken so rare Höhlenraum hinterlässt ganz individuelle, persönliche und tiefgreifende Erfahrungen. Dieses Erleben wird in einen Zusammenhang mit eigenen und fremden Lebens- und Glaubenserfahrungen gestellt.

**Autoren: Ulrike Helwig, Ulrich Schwaderer,
Outdoor Team des CVJM Tübingen**

Vertrauen bauen

Diese Tagesaktion lässt Teilnehmende Vertrauen auf vielfältige Art und Weise erleben. Ein erster Block bietet Übungen an, in denen Selbstvertrauen und das Vertrauen auf andere im Mittelpunkt stehen. Im zweiten Block (nach einer Pause) wird Vertrauen praktisch erlebbar, indem die Gruppe gemeinsam klettert. Im letzten Teil greifen Überlegungen zu einer weiteren Dimension des Vertrauens die Erfahrungen dieses Tages auf: das Vertrauen auf Gott.

Übersicht

Zeit	Bausteine	Intention/Kommentar
2–3 Std.	Warm up: Namensspiel, Aufwärmspiel	Gemeinsam miteinander warm werden, Namen kennen lernen, lockern und aufwärmen
	Themenhinführung: Vertrauens-ABC	Vorerfahrungen, Vorstellungen, Assoziationen zum Thema Vertrauen verbalisieren und präsent machen
	Vertrauensübungen: Die Welle eventuell kurze Reflexion	Selbstvertrauen: Was traue ich mir zu? Wie mutig bin ich? Vertrauen in die Gruppe: Kann ich mich auf die Aufmerksamkeit der anderen verlassen?
	Blind Line	
	Blindenführung mit anschließender Reflexion	Gruppeneinteilung in Dreier-Teams (= Klettergruppen) Vertrauen auf andere: sich dem Führenden anvertrauen
2–3 Std.	Einführung Klettern: Gruppe 1: Bouldern Gruppe 2: Knoten und Sicherungstechnik	Jeweils eine halbe Stunde, dann Wechsel der Gruppen Bouldern zum Warm-machen, Gefühl für die Wand bekommen Knoten: Achter, Halbmast Sicherung: HMS im Toprope
	Klettern in Dreier-Teams	Mit Hintersicherung
	Dazwischen (oder zusammen mit Abschlussreflexion): Impuls	Vertrauenserfahrungen beim Klettern, Vertrauenserfahrungen im persönlichen Leben
	Abschlussreflexion: Blitzlicht	Persönliche Einschätzung des Tages und Rückmeldung

Namen erfinden

ART DER ÜBUNG	Kennen lernen
GRUPPENGRÖSSE	5–15 Personen
DAUER	10–30 Min.
GELÄNDE	Überall möglich
MATERIAL	Kreativer, ungewöhnlicher Gegenstand

Instruktion:

Vor einiger Zeit habe ich diesen seltsamen Gegenstand gefunden (eventuell noch eine Begebenheit dazu erfinden, um die Spannung zu erhöhen). Leider konnte ich bisher nicht herausfinden, worum es sich bei diesem Gegenstand handelt. Vielleicht können wir zusammen ein paar Ideen spinnen, wozu dieser Gegenstand gut ist, indem wir verschiedene Namen dafür erfinden. Und damit wir wissen, welche Idee von wem stammt, sollte die Bezeichnung für diesen Gegenstand mit demselben Buchstaben anfangen wie euer Name. Zum Beispiel: „Ich heiße Melanie und das ist eine Mirabellensortiermaschine." Um die vielen Ideen nicht wieder zu vergessen, machen wir es so wie bei dem Spiel „Ich packe meinen Koffer". Alle wiederholen die Namen ihrer Vorgänger und den des undefinierbaren Gegenstandes.

Verlauf:

Der Gegenstand wird reihum gegeben. Alle Teilnehmenden nennen ihren Namen und versuchen mit dem Anfangsbuchstaben ihres Namens den undefinierbaren Gegenstand zu bezeichnen. Eventuell sollte den Teilnehmenden etwas Zeit zum Überlegen eingeräumt werden, um originelle Bezeichnungen zu erhalten.
Es bewährt sich, als Anleitender schon im Vorfeld einen Begriff zu überlegen.

Variante:

Bei großen Gruppen (ab ca. 12 Personen) kann das Spiel ziemlich lange dauern. Es geht schneller, indem das Wiederholen abgekürzt (z. B. nur jeden Zweiten nennen; immer die letzten sechs nennen) oder weggelassen wird.

Mondball

ART DER ÜBUNG	Warm up
GRUPPENGRÖSSE	8–20 Personen
DAUER	15–30 Min.
GELÄNDE	Ebene Fläche, Wiese, Halle
MATERIAL	Aufgeblasener Wasserball

Instruktion:

Eure gemeinsame Aufgabe als Gruppe ist es, diesen Wasserball so oft wie möglich nach oben in Richtung Mond zu spielen, ohne dass er auf dem Boden aufkommt. Der Ball darf von derselben Person nicht zweimal hintereinander berührt werden. Jedes Mal wenn der Ball wieder nach oben gespielt wird, gibt es einen Punkt.

Verlauf:

Die Teilnehmenden versuchen in mehreren Runden, ihre vorangegangenen Ergebnisse zu verbessern.

Variante:

Die Teilnehmenden dürfen den Ball erst dann wieder berühren, wenn alle anderen Teilnehmenden den Ball einmal gespielt haben. Das Spiel wird übersichtlicher, wenn sich diejenigen auf den Boden setzen, die den Ball bereits gespielt haben. Bei dieser Variante werden nicht die Ballkontakte, sondern die Runden gezählt, in denen es die Gruppe schafft, den Ball nicht auf den Boden fallen zu lassen.

Links:

Vgl. Gilsdorf/Kistner, Kooperative Abenteuerspiele Band 1, S. 51

Vertrauens-ABC

ART DER ÜBUNG	Hinführung zum Thema
GRUPPENGRÖSSE	5–20 Personen
DAUER	20–30 Min.
GELÄNDE	Ebene Fläche
MATERIAL	Kleiner Ball, vorbereitete Papierstreifen, dicker Filzstift

Instruktion:

Runde 1:
Nachdem ihr erfahren habt, dass ihr als Gruppe mit einem Wasserball ganz gut umgehen könnt und ihr die Aufgabe bewältigt habt, wird die Schwierigkeit nun etwas gesteigert. Der Ball wird kleiner und fordert von euch permanente Aufmerksamkeit. Eure Aufgabe ist es, im Kreis stehend den Ball einander so zuzuwerfen, dass am Ende jeder den Ball einmal hatte. Dabei ist es wichtig, dass sich alle ihre „benachbarten" Werfer merken.

Eventuell diese Runde zur Erinnerung noch einmal wiederholen.

Runde 2:
Der heutige Tag steht unter dem Motto „Vertrauen bauen". Dabei ist Vertrauen ein Begriff, unter dem man sich zunächst vielleicht nur wenig vorstellen kann. Wir wollen uns nun gemeinsam überlegen, was Vertrauen bedeutet, wo wir Vertrauen erfahren haben und was wir damit verbinden. Mit Sicherheit hat jeder von uns ganz unterschiedliche Erfahrungen zum Thema Vertrauen gemacht – gute oder auch nicht so gute. In einem Vertrauens-ABC tragen wir zusammen, was euch zum Thema Vertrauen einfällt.
Der Ball macht die gleiche Runde, die wir eben schon geübt haben. Wer den Ball hat, nennt einen Vertrauens-Begriff mit dem Anfangsbuchstaben entsprechend der Reihenfolge des Alphabets. Ihr könnt euch dabei gegenseitig Vorschläge machen. Wer an der Reihe ist, entscheidet sich für einen Begriff.

Die Begriffe werden währenddessen vom Spielleiter auf die vorbereiteten Papierstreifen notiert und in der Mitte ausgelegt.

Runde 3:
Vor uns liegt nun ein ganz persönliches Vertrauens-ABC. Wir alle sind hier mit unseren Erfahrungen und Vorstellungen von Vertrauen vertreten. Wir wollen dieses ABC noch einmal auf uns wirken lassen, indem der Ball eine letzte Runde macht. Wer den Ball hat, liest einen Begriff entsprechend der Reihenfolge des Alphabets laut vor.

Lernimpulse/Transfermöglichkeiten:

Assoziationen zum Thema Vertrauen werden von den Teilnehmenden verbalisiert und somit gegenseitig präsent gemacht.

Varianten:

- Einige Begriffe sind bereits vorgegeben, können jedoch verändert werden.
- Für jeden Buchstaben ist eine Auswahl an Begriffen vorhanden, aus denen sich die Gruppe „ihr" Vertrauens-ABC erstellt.
- Das Finden von Begriffen zum Thema Vertrauen kann den Teilnehmenden erleichtert werden, wenn sie zuvor die folgenden Satzanfänge für sich weiter formulieren:
  - Ich kann darauf vertrauen, dass ..., weil ...
  - Ich kann Vertrauen schenken, wenn ...
  - Es fällt mir schwer zu vertrauen, weil ... /wenn ...
  - Vertrauen ist wie ...
  - Ich traue mir zu, dass ...
- Eine weitere Vorübung zum Vertrauens-ABC kann methodisch mit Bildkarten geschehen, die in der Kreismitte ausgelegt sind. Die Teilnehmenden suchen sich ein Bild aus, das für sie am besten zum Thema Vertrauen passt.
- In der anschließenden Gesprächsrunde können diese Fragen geklärt werden:
  - Warum hast du dieses Bild ausgesucht?
  - Was verbindest du mit dem Begriff „Vertrauen"?

Welche Variation am besten geeignet ist, hängt sehr von der Gruppe ab. Prinzipiell sollte die Eigenaktivität der Gruppe gefördert werden, das heißt so viel wie möglich selber machen lassen und nur im Notfall Hilfe geben. Insofern können sich die Teilnehmenden auch gegenseitig unterstützen und Vorschläge einbringen.

Die Welle

ART DER ÜBUNG	Vertrauen
GRUPPENGRÖSSE	10–30 Personen
DAUER	20–30 Min.
GELÄNDE	Ebene Fläche, Wiese oder Halle

Instruktion:

Mit der folgenden Übung kommen wir unserem Thema Vertrauen immer näher: Es besteht die Möglichkeit, Vertrauen ganz hautnah zu erleben. Stellt euch dazu im Spalier auf, das heißt, ihr bildet eine Gasse, bei der ihr euch im Abstand von einer Armlänge gegenüber steht. Zur Sicherheit solltet ihr eure Ringe und Uhren abnehmen. Jetzt strecken alle die Arme im Reißverschlussprinzip in die Gasse. Freiwillige aus eurer Gruppe haben nun nacheinander die Möglichkeit, mit einem kurzen Anlauf durch diese Gasse zu sprinten. Dabei müssen diejenigen im Spalier rechtzeitig ihre Arme hoch nehmen, sodass der Weg frei wird. Besonders wichtig ist die Kommunikation vor dem Loslaufen zwischen dem Läufer und der Gruppe. Die Gruppe signalisiert ihre Bereitschaft und der Läufer kündigt den Start seines Laufs für alle hörbar an. Er läuft erst los, wenn er sicher ist, dass alle aus der Gruppe aufmerksam sind. Er entscheidet selbst, wie schnell er laufen will, jedoch sollte die Geschwindigkeit während des Laufs aus Sicherheitsgründen nicht erhöht werden.

Verlauf:

Es werden zwei Durchgänge angeboten, damit die Teilnehmenden die Möglichkeit haben, ihre Geschwindigkeit und somit das Risiko zu steigern. Die Spannung kann erhöht werden, indem die Arme rechtzeitig hochgerissen werden, dies aber solange hinaus gezögert wird, dass für die Laufenden der Eindruck entsteht, auf eine geschlossene Wand zuzulaufen.

Lernimpulse/Transfermöglichkeiten:

Selbstvertrauen: Was traue ich mir zu? Wie mutig bin ich? Vertrauen in die Gruppe: Kann ich mich auf die Aufmerksamkeit der anderen verlassen?

Auswertungsmethode:

Die Reflexionsphase dient dazu, die Erlebnisse in Bezug auf Vertrauen zu verbalisieren.
Folgende Fragen können von der Gruppe diskutiert werden:

- Ich habe euch vor dieser Übung angekündigt, dass ihr hierbei Vertrauen selbst erleben könnt. Wo habt ihr Vertrauen erlebt?
- Wie habt ihr Vertrauen erlebt? Welche Gefühle hattet ihr dabei?
- Wem musstet ihr vertrauen (Selbstvertrauen und Vertrauen in andere)?

Variante:

Eine methodische Alternative für die Reflexionsphase bieten Emotionskarten, die verschiedene emotionale Zustände darstellen (bildlich oder schriftlich). Diese werden im Kreis ausgelegt, so dass sie von allen gut einsehbar sind. Alle Teilnehmenden wählen für sich eine passende Karte, indem sie sich zu der Karte positionieren.

Einleitungsfragen:

- Welches Gefühl hast du bei dieser Aktion erlebt?
- Welches Bild passt zu dem, wie du dich im Moment fühlst?

Ein anschließendes Gespräch klärt und begründet die Auswahl der Emotionskarten.

Links:

Vgl. Gilsdorf/Kistner, Kooperative Abenteuerspiele Band 2, S. 85

Blind Line

ART DER ÜBUNG	Vertrauen
GRUPPENGRÖSSE	5–20 Personen
DAUER	30–45 Min.
GELÄNDE	Begehbares Gelände mit Hindernissen
MATERIAL	Augenbinden, 50–150 m Spielseil, eventuell Bandschlingen und Schraubkarabiner

Aufbau:

Im Gelände wird ein Seil auf Hüfthöhe angebracht, das als Handlauf dient und an dem die Teilnehmenden sich blind entlang tasten. Die Teilnehmenden kennen weder das Gelände noch den Verlauf der Blind Line. Schwierige Stellen werden mit einem Knoten im Seil markiert.

Instruktion:

Ich möchte euch einladen, euch auf ein Abenteuer einzulassen. Es ist deshalb ein Abenteuer, weil ihr nicht genau wisst, was auf euch zukommen wird. Außerdem werdet ihr dabei auf eine Fähigkeit verzichten, auf die ihr euch im alltäglichen Leben ständig verlassen könnt und die euch Orientierung gibt: nämlich das Sehen. Vor euch liegt ein Weg, den ihr gehen sollt, ohne zu wissen und zu sehen, wohin er führt. Damit ihr dabei nicht vom Weg abkommt, könnt ihr euch mit einer Hand an einem Seil festhalten. Wie im echten Leben ist auch der vor euch liegende Weg nicht frei von Hindernissen und Schwierigkeiten. Wo ihr besonders aufmerksam und vorsichtig sein müsst, werdet ihr spüren. Wie ihr euch auf das Abenteuer einlassen wollt, könnt ihr selbst entscheiden. Es besteht die Möglichkeit, dass ihr von einer sehenden und stummen Person begleitet werdet, dass sich mehrere Blinde zu einer Gruppe zusammenschließen oder dass ihr euch allein auf den Weg macht.

Die Zeitabstände sollten mindestens eine Minute betragen, damit die Teilnehmenden ihr eigenes Tempo wählen können und sich unterwegs nicht treffen. Vor allem an den Start- und Endpunkten solltet ihr euch möglichst ruhig verhalten.

Verlauf:

Die Teilnehmenden starten in der folgenden Reihenfolge:

- alleine ohne weitere Unterstützung
- mit sehenden (eventuell zusätzlich stummen) Begleitern
- in einer Gruppe von Blinden (eventuell zusätzlich stumm)

Auswertungsmethode:

Siehe Übung „Blindenführung“ (S. 158).

Variante:

Wenn es sich vom Gelände her eignet (Unfall- und Verletzungsgefahr), kann die Blind Line auch barfuß begangen werden.

Blindenführung

ART DER ÜBUNG	Vertrauen
GRUPPENGRÖSSE	5–20 Personen
DAUER	45–60 Min.
GELÄNDE	Wald, Wiese, abwechslungsreiches Gelände
MATERIAL	Augenbinden

Instruktion:

Vertrauen ist für viele keine große Sache – zumindest, was das tägliche Leben angeht. Man kennt sich aus, weiß wie alles funktioniert. Man kann sich darauf verlassen, dass alles so wie immer ist. Um Vertrauen bewusst zu erleben, sollt ihr bei der nächsten Übung auf eine Fähigkeit verzichten, die für uns ganz selbstverständlich ist und die uns im Alltag Sicherheit, Orientierung und Vertrauen gibt.

Eure Aufgabe ist es, in kleinen Gruppen eine bestimmte Wegstrecke zurückzulegen. Dabei ist mindestens eine Person blind und wird von einem oder zwei anderen geführt. Bevor ich die weiteren Regeln erkläre, möchte ich euch bitten, euch eigenständig in Dreier-Teams einzuteilen. Überlegt dabei, wem ihr euch anvertrauen möchtet: vielleicht einer Person, die ihr schon kennt oder vielleicht auch einer Person, die ihr mit dieser Übung noch besser kennen lernen möchtet. Achtet gemeinsam darauf, dass alle aus eurer Gruppe in einem Team sind, in dem sie sich wohl fühlen können.

Bei dieser Übung ist es wichtig, dass ihr euch an die folgenden Regeln haltet:
Beachtet das Gelände und führt eure Partner so, dass sie sich nicht verletzen.
Alle müssen einmal blind sein und einmal führen – entscheidet selbst, wann und wie oft ihr wechselt.

Lasst eure blinden Partner unterwegs verschiedene Dinge erfühlen.

Verlauf:

Es empfiehlt sich, einen Zielort und ein Zeichen für das Ende der Übung festzulegen.

Lernimpulse/Transfermöglichkeiten:

- Vertrauen auf andere
- Sich dem Führenden anvertrauen

Auswertungsmethode:

In einem Auswertungsgespräch werden die konkreten Erfahrungen mit den Begriffen des Vertrauens-ABC verglichen. Die Kärtchen liegen in der Kreismitte, so dass alle die Begriffe sehen können.

Reflexionsfragen:

- Was konntet ihr von diesen Begriffen bei der Blindenführung erfahren?
- Wo hat sich hier Vertrauen gezeigt?
- Wie habt ihr euch gefühlt als Führender/als Geführter?
- Wie gut hast du dich bei deinem Führenden aufgehoben gefühlt?
- Wie schwierig war das Führen? Wie muss sich ein Führender verhalten, dass sich der Geführte sicher fühlt?

Varianten:

- Beim Wechsel:
  Der Blinde versucht, mit offenen Augen den Weg nachzuvollziehen.

- Erhöhte Schwierigkeit:
  Zwei sind blind, der Blinde darf nicht berührt werden,
  es darf nicht gesprochen werden.

Klettern

ART DER ÜBUNG	Natursport
GRUPPENGRÖSSE	6–18 Personen
DAUER	2–3 Std.
GELÄNDE	Kletterwand, Kletterfels
MATERIAL	Kletterseile, Klettergurte, Helme, Karabiner, Bandschlingen, Spruchkärtchen mit Reepschnur als Andenken

Aufbau:

Die Kletterseile werden im Toprope aufgebaut; je nach Anzahl der Teilnehmenden auch mehrere Kletterstationen. Ein fachgerechter Aufbau durch den Anleitenden wird vorausgesetzt.

Instruktion:

Hier wird die Aufgabe, der Ablauf und die Handhabung der Übung/Sicherungstechnik genau erklärt.

Verlauf:

Bei der gesamten Aktion muss sichergestellt werden, dass alle Teilnehmenden die Sicherungstechnik beherrschen. Welche Technik gelehrt wird, bleibt dem Anleitenden überlassen. Es empfiehlt sich, mit Hintersicherung/Drittsicherung zu sichern. Wenn möglich, sollten die Dreier-Teams aus der vorangegangenen Übung beibehalten werden. Um ein Gefühl für die Kletterwand bzw. den Fels zu bekommen, ist es sinnvoll, vor dem Klettern mit einem Boulderspiel einzusteigen. Um die nötige Sicherheit gewährleisten zu können, sollte eine qualifizierte Betreuungsperson maximal zwei Dreier-Teams beaufsichtigen.

Lernimpulse/Transfermöglichkeiten:

- Vertrauen in mich
- Vertrauen in andere

Auswertungsmethode:

- Welche (neuen) Erfahrungen hast du beim Klettern gemacht?
- Kannst du daran etwas über Vertrauen lernen?
- Bilde einen Vertrauenssatz, den du mit deinen Klettererfahrungen in Verbindung bringen kannst. Schreibe ihn auf: Beim Klettern habe ich erfahren, dass …

Gleichnis vom Hausbau (Matthäus 7,24-27):
Ich möchte euch von einem Mann erzählen, der ein Haus bauen wollte. Er träumte von einem schönen Haus an einem traumhaften Ort. Er machte sich auf und suchte nach einem Platz, der ihm gefiel. Und eines Tages fand er, was er suchte: einen Ort mit toller Aussicht, direkt am Meer. „Hier bleibe ich", dachte sich der Mann. „Ein Haus direkt am Meer, den Strand vor der Tür. Hier kann ich mein Leben genießen und den ganzen Tag in der Sonne sein und Spaß haben." Und er baute sich ein Haus, direkt am Strand. Als sein Haus fertig war und er sich gerade eingerichtet hatte, zogen am Himmel dunkle Wolken auf. Die Sonne verschwand und mit den dunklen Wolken zog ein gewaltiges Unwetter heran.

Es regnete in Strömen und der Wind peitschte. Riesige Wellen liefen auf das Haus zu und spülten den sandigen Untergrund davon. Und was passierte mit dem schönen Haus? Der Untergrund war aufgeweicht und es stürzte in sich zusammen.

Ein anderer Mann wollte auch ein Haus bauen. Ihm war es besonders wichtig, dass sein Haus sicher wurde. Er wollte sich in seinem Haus wohl fühlen und sicher sein. Der Mann fand einen Platz, der sich besonders eignete: einen Felsvorsprung, etwas erhöht, aber doch geschützt gelegen. „Hier kann ich mich sicher fühlen. Diesem Felsen kann ich vertrauen.“, dachte der Mann und begann sein Haus zu bauen.

Eines Tages braute sich am Himmel ein Unwetter zusammen und ein heftiger Sturm fegte übers Land. Wie erging es dem Mann in seinem Haus auf dem Felsen? Er saß am Fenster, hörte die Regenmassen prasseln und spürte, wie der Wind an Fenster und Türen rüttelte. Es wurde ihm richtig unheimlich. Aber er dachte: „Mein Haus steht sicher auf einem festen Untergrund. Hier bin ich in Sicherheit.“ Dieser Mann hatte ein großes Vertrauen in den Felsen. Er wusste, dass ihm hier nichts passieren kann, auch wenn draußen ein gewaltiger Sturm tobte.

Ist es in unserem Leben nicht auch immer wieder so, dass es stürmische Zeiten gibt? Zeiten, in denen dunkle Wolken am Himmel hängen, in denen alles trist und grau ist. Kein Sonnenschein, keine Lebensfreude. Zeiten, in denen wir uns Sorgen machen und uns fragen: Wie wird es nur enden? Der Mann mit dem Haus auf dem Felsen wusste: Ich kann diesem Felsen vertrauen. Er hält mich.
Wenn ihr in einen heftigen Lebenssturm kommt: Was ist für dich so ein Fels, der dich trägt und auf den du vertrauen kannst?

Impulsfragen:
- Worauf kannst du dich verlassen?
- Was hält dich im Leben?
- Worauf baust du in deinem Leben?

Die Geschichte von den beiden Männern ist ein Gleichnis, das Jesus erzählt hat. Er möchte, dass die Menschen darüber nachdenken, worauf sie ihr Leben bauen und worauf sie vertrauen. Jesus sagt: „Vertraue Gott. Er ist wie ein starker Fels. Auch wenn Lebensstürme zerstören, was dir in deinem Leben wichtig ist und worauf du vertraust, ist Gott da.“

Jeder Teilnehmende bekommt zur Erinnerung eine Reepschnur mit Spruchkärtchen.

Weiterführende Impulsfragen, die auch als Einstieg für ein weiteres Treffen genutzt werden können:

- Ich vertraue Gott, weil ...
- Ich würde Gott vertrauen, wenn ...

Abschlussauswertungsmethode:

Die Abschlussreflexion bezieht sich auf den ganzen Tag. Die Teilnehmenden sollen in einer kurzen Auswertung einschätzen, wie sie den Tag empfanden. Dazu bietet sich als Methode „Punkteblitzlicht" (vgl. Gilsdorf/Kistner, 2004, 161) an. Dabei werden vom Anleitenden Fragen zum Thema gestellt.
Die Teilnehmenden zeigen dann mit ihren Fingern ihre Einschätzung dazu an (z. B. 10 Finger: volle Zustimmung, kein Finger: starke Ablehnung).

Tiefgründiges im Untergrund

Der Besuch einer Höhle ist ein Erlebnis, das sich einerseits von den alltäglichen Umwelterfahrungen grundlegend unterscheidet und andererseits ganz persönliche und individuelle Empfindungen hervorruft. Methodisch werden diese beiden Aspekte durch zwei Übungen aufgegriffen, auf die jeweils vor, in und nach der Höhle Bezug genommen wird. Die Teilnehmenden schärfen ihren Blick für die Natur und die Umgebung, indem sie mit allen Sinnen beobachten. Ihre persönlichen Erfahrungen in der Höhle werden durch das methodische Einflechten von Psalmworten mit den Lebens- und Glaubenserfahrungen anderer in Zusammenhang gebracht.

Die Gruppengröße für eine Höhlenbefahrung richtet sich sowohl nach der Anzahl der qualifizierten Begleitpersonen als auch nach der Raumbeschaffenheit in der Höhle. Die Angaben zur Gruppengröße sind deshalb als Richtwerte zu verstehen.

Übersicht

Zeit	Bausteine	Intention/Kommentar
Vor der Höhle 30–45 Min.	Warm up: Gordischer Knoten	Bewegungsmuster der Höhle werden in bekanntem Umfeld spielerisch eingeführt
	Themenhinführung: Mein Platz und mein Zettel – Teil 1 Mein Psalmwort – Teil 1	An einem schönen Platz die eigenen Erwartungen und Ängste bewusst machen und festhalten, Psalmwort als „Wegbegleiter“ aussuchen und mitnehmen
In der Höhle 2–4 Std.	Wahrnehmung: Bewusst erleben – Teil 1	Höhlenraum mit allen Sinnen erfahren
	Tiefgründiges: Mein Psalmwort – Teil 2	Bewusst werden: Wie erlebe ich die Höhle? Passt das ausgesuchte Psalmwort?
Nach der Höhle 20 Min.	Wahrnehmung: Bewusst erleben – Teil 2	Unterschiede verschiedener Umgebungen verbalisieren
	Tiefgründiges: Mein Platz und mein Zettel – Teil 2 Mein Psalmwort – Teil 3	Aktuelle Gefühle klären, Reflexion der Erwartungen und Ängste Psalmworte als „Wegbegleiter“

Gordischer Knoten

ART DER ÜBUNG	Warm up
GRUPPENGRÖSSE	8–20 Personen
DAUER	10 Min.
GELÄNDE	Ebene Fläche, Wald

Instruktion:

Bitte stellt euch in einem Kreis auf. Auf mein Zeichen laufen alle mit nach vorne gestreckten Händen Richtung Kreismittelpunkt. Mit jeder Hand greift ihr nach einer beliebigen anderen freien Hand. Dabei darf jede Hand nur mit einer anderen Hand, die nicht die eigene ist, verbunden sein. Eure Aufgabe besteht nun darin, den Knoten ohne loszulassen zu lösen, so dass nachher im optimalen Fall ein Kreis entsteht.

Lernimpulse/Transfermöglichkeiten:

Diese Übung nimmt vielfältige Bewegungsmuster und Verhaltensweisen, die eine Höhle fordert, spielerisch und in bekanntem Umfeld auf: Enge spüren, Kooperation erfahren, Interaktion ist nur mit den unmittelbar Benachbarten möglich.

Variante:

Die Schwierigkeit wird erhöht, wenn der Knoten schweigend gelöst werden muss.

Mein Platz und mein Zettel

ART DER ÜBUNG	Wahrnehmung, Reflexion
GRUPPENGRÖSSE	5–15 Personen
DAUER	30–40 Min.
GELÄNDE	Abwechslungsreiches Gelände, Wald
MATERIAL	Weiße Zettel, Bleistifte

Instruktion:

Teil 1 – vor der Höhle:
Suche dir in der Umgebung einen Platz, der dich besonders anspricht. Dort machst du es dir bequem. Beobachte deine Umgebung: Was gefällt dir besonders gut? Nimm dann den Zettel und den Stift zur Hand. Unterteile deinen Zettel in zwei Teile: einen Teil für deine Erwartungen und einen Teil für deine Befürchtungen für die bevorstehende Höhlenbefahrung. Die Größe der Teile soll das Verhältnis deiner Erwartungen und Befürchtungen widerspiegeln. Male oder schreibe auf dein Blatt, was dir dazu einfällt. Verweile an deinem Platz, bis das Signal zum Sammeln ertönt. Merke dir beim Weggehen, wo sich dein Platz befindet. Deinen Zettel bekommt außer dir niemand zu sehen. Verwahre in gut in einer geeigneten Tasche.

Teil 2 – nach der Höhle:
Begebe dich wieder zu deinem Platz. Mache es dir dort bequem und beobachte, ob sich dein Platz verändert hat, ob du etwas Neues oder Anderes wahrnimmst. Ist der Platz noch immer dein Lieblingsplatz?
Nimm nun den Zettel zur Hand und überlege dir, ob die Erwartungen und Befürchtungen eingetreten sind. Haben sich deine Erwartungen und Befürchtungen verändert, nachdem du weißt, wie es in der Höhle ist?

Lernimpulse/Transfermöglichkeiten:

Sich eigene Erwartungen und Ängste bewusst machen und festhalten.

Variante:

Die Übung kann auch in der Höhle aufgegriffen werden. Die Teilnehmenden gehen in Gedanken an „ihren Platz“: An was erinnere ich mich besonders? Sie schauen ihre Zettel an und überlegen, welche Erwartungen und Befürchtungen bereits, beziehungsweise (noch) nicht eingetreten sind.

Mein Psalmwort

ART DER ÜBUNG	Themenhinführung und Reflexion
GRUPPENGRÖSSE	5–15 Personen
DAUER	20–30 Min.
GELÄNDE	Ebene Fläche
MATERIAL	Psalmkärtchen

Aufbau:

Die Psalmkärtchen werden in der Mitte ausgelegt.

Instruktion:

Teil 1 – vor der Höhle:

Vor uns liegen Kärtchen, auf denen viele unterschiedliche Verse aus den Psalmen abgedruckt sind. Die Verfasser der Psalmen haben ihre persönlichen Lebenserfahrungen so aufgeschrieben, dass sie auch für andere Menschen in ähnlichen oder auch ganz anderen Lebenszusammenhängen von Bedeutung sind. Auch für uns können sie von Bedeutung werden, wenn wir uns gleich auf die Höhle einlassen. Ihr habt euch Gedanken gemacht, was ihr von der Höhlenerfahrung erwartet und was ihr befürchtet. Suche dir ein Psalmkärtchen aus, das dich in dieser Situation anspricht und das dich in die Höhle begleitet.

Teil 2 – in der Höhle:

Ihr habt euch vor der Höhle ein Psalmwort ausgesucht, das euch durch den unterirdischen Weg begleiten soll. Könnt ihr euch erinnern, welchen Vers ihr euch ausgesucht habt? Nehmt euer Psalmkärtchen und lest es euch noch einmal durch. Passt das Psalmwort zu eurer Situation?

Teil 3 – nach der Höhle:

Wie ist es euch im Untergrund mit eurem Psalmwort ergangen?

Vor uns liegen weitere Psalmverse. Nehmt euch ein weiteres Psalmwort, das zu euren Erfahrungen in der Höhle passt oder das euch inzwischen mehr anspricht. Ihr könnt die Karten auch tauschen.

Warum hast du dir ein weiteres/anderes Kärtchen ausgesucht?

Eure persönlichen und ganz unterschiedlichen Erfahrungen bringt ihr mit eurer Auswahl an Psalmworten zum Ausdruck. Diese verschiedenen Verse bringen wir jetzt zum Abschluss in einem gemeinsamen Psalm zusammen. Nacheinander lesen wir unsere Psalmworte vor. Dabei sollte der nachfolgende Vers – wenn möglich – inhaltlich zum vorangegangenen Vers passen.

Verlauf:

Teil 1: Die Psalmkärtchen können vor dem Höhleneingang vorgelesen werden.

Teil 2: Die Psalmworte können einander zugesprochen werden, indem zwei Teilnehmende ihre Kärtchen tauschen und gegenseitig vorlesen.

Teil 3: Nach der Höhle werden die restlichen Psalmkärtchen erneut ausgelegt. Die Teilnehmenden kommen von ihrem Platz zurück und können ein weiteres Kärtchen nehmen.

Variante:

Die Teilnehmenden kommen selbständig von der Übung „Mein Platz und mein Zettel“ zurück und werden einzeln über das weitere Vorgehen instruiert.

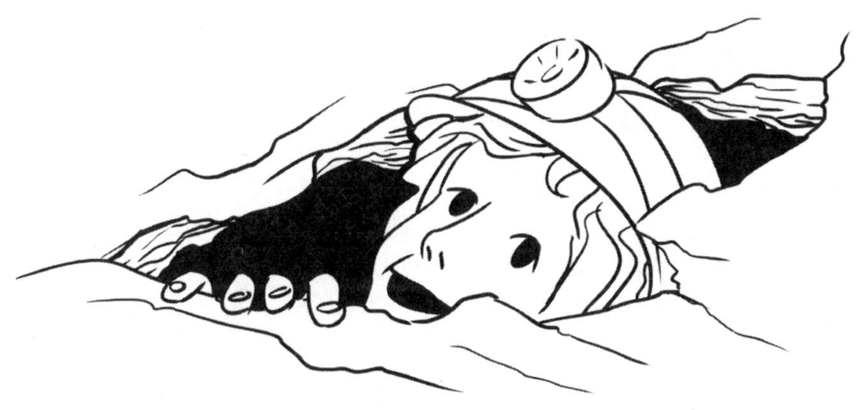

Bewusst erleben

ART DER ÜBUNG	Wahrnehmung
GRUPPENGRÖSSE	5–15 Personen
DAUER	20–30 Min.
GELÄNDE	Wald, Höhle, Wiese

Instruktion:

Teil 1 – in der Höhle

Sehen:

Schaut euch in der Höhle um: Was sind die vorherrschenden Farben in einer Höhle? Was passiert, wenn wir das Licht ausmachen? Was können wir sehen?

Was wir im Dunkeln zu sehen glauben, sind Täuschungen unseres Gehirns. In einer Höhle herrscht völlige Dunkelheit. Ohne Licht können wir uns in einer Höhle nicht orientieren.

Hören:

Wir lassen unsere Lichter jetzt noch einen Moment aus, um die Dunkelheit auf uns wirken zu lassen. Dabei hören wir auf die Geräusche der Höhle. Es haben alle die Möglichkeit, das Licht jederzeit wieder anzuschalten. Welche Geräusche konntet ihr hören?

Um die besondere Akustik einer Höhle erleben zu können, wollen wir gemeinsam einen Kanon singen (z. B. „Vom Aufgang der Sonne“). Alternativ können auch Tiergeräusche imitiert werden.

Fühlen:

Was ist euch aufgefallen, als ihr die Höhlenwände berührt habt? Wie fühlt sich eine Höhle an? Welche Materialien gibt es in einer Höhle?

In der Höhle hat fast alles dieselbe Temperatur von etwa 8°C, der Fels und die Luft.

Riechen:
Wonach riecht es in einer Höhle?
Bleibt auf eurem Weg durch die Höhle immer mal wieder stehen und nehmt den Geruch der Höhle bewusst war.

Teil 2 – nach der Höhle:

Wir haben vorhin den Innenraum der Höhle mit allen unseren Sinnen wahrgenommen. Welche Sinneseindrücke nehmt ihr wahr, nachdem ihr jetzt wieder draußen in der gewohnten Umgebung seid?

Sehen:
Schaut euch um: Wie erscheinen euch die Farben?

Hören:
Schließt für einen Augenblick eure Augen. Welche Geräusche hört ihr?

Fühlen:
Berührt die Umgebung an verschiedenen Stellen. Was fällt euch auf?
Einige Stellen, die von der Sonne beschienen wurden, sind deutlich wärmer als Schattenbereiche. Die Anzahl unterschiedlich gewachsener Pflanzen und deren Beschaffenheit sind enorm.

Riechen:
Wonach riecht es hier draußen?

Heinz Banzhaf

Jahrgang 1963; Jugendreferent von 1990–1999 in Nagold und von 1999–2011 in Brackenheim. Seit 2011 Leiter des Sport- und Freizeitheims Kapf. Erlebnispädagoge (KAP-Institut). Erlebnispädagogische Erfahrungen: Teamtraining, Kanu, Klettern, niedere und hohe Seilelemente, Trekkingtouren, Bogenschießen, Mitarbeiterschulung.

heinz.banzhaf@ejwue.de / www.freizeitheim-kapf.de

Simone Benzinger

Jahrgang 1984, Studium an der Pädagogischen Hochschule Ludwigsburg mit den Fächern evangelische Theologie, Englisch, Deutsch, sowie Spiel- und Theaterpädagogik. Seit Herbst 2011 Lehrerin an der Grund- und Werkrealschule Gomaringen. Mitarbeiterin im Bezirksjugendwerk Herrenberg, Mitglied und Skilehrerin im Eichenkreuz-Ski Württemberg. Aktiv in der Kinder- und Jugendarbeit des CVJM und der evangelischen Kirchengemeinde in Gärtringen.

Oliver Bisanz

Seit 2006 selbstständig als Trainer, freier Theologe und Künstler (u.a. Angebot von Seminaren und Outdoor-Trainings). Studium der Katholischen Theologie mit Diplom-Abschluss an der WWU Münster. Ausbildung zum Pastoralreferenten, Weiterbildung zum Fachreferent Personalentwicklung/Personalwirtschaft an der Verwaltungs- und Wirtschaftsakademie (VWA) in Stuttgart. Weiterbildungen zum Natursport- und Erlebnispädagogen beim ZIPteam Karlsruhe und zum Burnout-Prophylaxe Trainer bei body and health academy Dornbirn in Östereich.

Oliver.bisanz@gmx.de

Ute Bluthardt

Jahrgang 1979, Diplom Sozialpädagogin/Sozialarbeiterin (FH), Umwelt- und Erlebnispädagogin, Hochseilgartentrainerin, systemische Therapeutin. Von 2005–2011 Mitarbeit in einer Wohngruppe für Jugendliche mit psychischen Beeinträchtigungen bei der Evangelischen Jugendhilfe Friedenshort GmbH. Seit 2011 in der Erziehungsbeistandschaft und Sozialen Gruppenarbeit der Jugendberatung Schwäbisch Hall e.V..

Thomas Eisinger

Jahrgang 1960, Dozent, Kanzler der Internationalen Hochschule Liebenzell, Religions- und Erlebnispädagoge, Supervisor (DGSv) und Coach (DGfC), Leiter des TeamParcours Monbachtal, Ropes-Course-Trainer. EP-Tätigkeitsbereiche: Hoch- und Niedrigseilelemente, Kooperative Übungen, Teamtrainings, Trainerausbildung.

Thomas.eisinger@ihl.eu

Achim Großer
Jahrgang 1971; Sozialmanager, Diakon, Erlebnispädagoge; arbeitet seit 1996 in der Jugendarbeit, zuerst im Kirchenbezirk Kirchheim u. Teck dann als Projektreferent des Projektes _ puls im Evangelischen Jugendwerk in Württemberg, nun als leitender Referent im CVJM Ludwigsburg.
EP-Tätigkeitsbereiche: Problemlöseaufgaben, Erwachsenenbildung, Mitarbeitergewinnung, niedere Seilelemente, Erlebnisraum Winter, Klettern. Weitere Publikationen: Sinn gesucht – Gott erfahren, Tanzen ist Träumen mit den Füßen, Verknüpfen, Das Prinzip Sehnsucht.
achim.grosser@cvjm-ludwigsburg.de

Angelika Haiber
Jahrgang 1970, Fachkrankenschwester Anästhesie und Intensivmedizin, Weiterbildung zur Praxisanleiterin, theologische Ausbildung Bibelschule Wiedenest, akkreditiert auf der Ebene B (vergleichbar mit einem Bachelor of Theologie), sozial-diakonisches Praktikum in Dresden, zertifizierte „Natursport- und Erlebnispädagogin im christlichen Kontext" Karlsruhe, Zertifikat Monkey Climbing und Baumklettern im erlebnispädagogischen Einsatz, ehrenamtlicher Einsatz in der christlichen Arbeit mit Kindern, in der Gemeinde und auf Camps.

Peter Heiter
Jahrgang 1971. Derzeit Evangelischer Pfarrer in Asperg. Nach einem sozialen Jahr bei der Behindertenhilfe in Stuttgart Studium der Evangelischen Theologie in Tübingen. Nach dem ersten Examen Projektarbeit in mehreren Unternehmen. Vikariat in Steinheim an der Murr, seit 2004 im Pfarrdienst der Evangelischen Landeskirche.

Ulrike Helwig
Jahrgang 1982, Sonderpädagogin, theoretische und praktische erlebnispädgogische Ausbildung im Rahmen des Studiums (u. a. Klettern als Therapie, Abschlussarbeit „Die Bedeutung des Geschlechts in der Erlebnispädagogik"). Langjährige ehrenamtliche Tätigkeit in der evangelischen Jugendarbeit, seit 2006 Mitarbeiterin im Outdoor Team des CVJM Tübingen, seit 2010 im Leitungsteam. Mehrwöchiges Auslandspraktikum im Outdoorcamp des YMCA Auckland (NZ).
Ulrike.Helwig@gmx.de

Antje Herzog
Jahrgang 1974; Diplom Religions- und Sozialpädagogin (FH), Diakonin; von 2000–2003 Jugendreferentin des Kirchenbezirks Tübingen (CVJM Arbeit; Leitung eines großen Waldheims). Von 2004–2011 Bezirksjugendreferentin im Kirchenbezirk Überlingen/Stockach, Schwerpunkte Schulungs- und Freizeitarbeit, Erlebnispädagogik. Fortbildungen u.a. Grundkurs Sportklettern; Grundkurs „Erlebnispädagogik" bei Outward Bound; Kooperation KU und Jugendarbeit, Josefstal; Ausbildung zur Trainerin „Kooperative Abenteuerspiele"; Notfallmanagement auf Freizeiten.
AntjeHerzog@gmx.de

Benjamin Holocher

Jahrgang 1981; Zimmerer, Jugend- und Heimerzieher und Natursport- und Erlebnispädagoge im christlichen Kontext. Seit 1996 ehrenamtlich in der evangelischen Jugendarbeit (CVJM) in den Bereichen Jungschar, koedukative Gruppenarbeit, Konfirmandenarbeit, TEN SING, offene Treffs und Freizeitarbeit. Seit 2008 Jugend- und Heimerzieher in der Jugendhilfe und seit 2009 Erlebnispädagoge für unterschiedliche Projekte (straffällige Jugendliche, Jugendhilfe und Schüler).

EP-Tätigkeitsbereiche: Klettern, Mountainbike, Problemlösungsaufgaben, Kooperationsübungen, Hoch- und Niedrigseilelemente.

Sibylle Holzwarth

Jahrgang 1977, Diplom Religions- und Sozialpädagogin, Einsegnung zur Diakonin 2003, zunächst tätig in der Behindertenhilfe, seit 2007 Bezirksjugendreferentin im Kinder- und Jugendwerk in Heidelberg. Schwerpunkt Freizeitarbeit und politische Vertretung. EP-Tätigkeitsbereiche: Erfahrungen im Bereich Niedrigseilelemente, Geocachen und kooperative Spiele.

Sibylle.holzwarth@jugendwerk-heidelberg.de

Oliver Klein

Jahrgang 1977, Diplomreligions- und Sozialpädagoge, Diakon. Von 2002–2009 Bezirksjugendreferent im Evangelischen Jugendwerk Bezirk Schwäbisch Hall. Seit 2009 in der Fachberatungsstelle für Menschen in sozialen Notlagen der Erlacher Höhe Hohenlohe-Franken. Trainer für temporäre Hoch- und Niedrigseilaufbauten (MRCT), Fortbildungen im Bereich Outdoor- und Erlebnispädagogik.

Werner Knapp

Jahrgang 1955; Diakon/Jugendreferent; von 1981–1989 im Kirchenbezirk Bernhausen; 1989–2000 CVJM Tübingen (Gründung „Outdoorteam Tübingen"); 2000–2003 in Markgröningen/Asperg; seit 2003 als Jugendreferent in der Kirchengemeinde Asperg.

Erlebnispädagogischer Autodidakt/Kennenlernen der EP-Arbeit von Young Life (USA), Erfahrung mit hohen und niederen Ropes-Course-Elementen (Dobelmühle), Erlebniswelt „Wald und Höhle", Mitarbeiterschulungen, Klettern/Abseilen. Mitarbeit im Fachausschuss Erlebnispädagogik des ejw und im Fachausschuss Young Life.

wknapp@gmx.de

Jörg Lohrer

Jahrgang 1976, Landesreferent im Evangelischen Jugendwerk in Württemberg und seit 2011 als wissenschaftlicher Mitarbeiter am Comenius Institut für die Religionspädagogik bei www.rpi-virtuell.net im Internet aktiv. Durch den bergsportgebeisterten Vater schon früh mit Seil und Haken in Berührung gekommen und neben der Ausbildung zum Diakon an der Evangelischen Hochschule Ludwigsburg als erlebnispädagogischer Trainer aktiv.

www.joerg-lohrer.de

Ingrid Martenka
Jahrgang 1968, zwei Kindern, Reiseverkehrskauffrau, Weiterbildungen in den Bereichen: Monkey-Climbing-Trainerin, Wald-Hochseilgarten-Sicherungstrainerin, DAV-Fachübungsleiterin im Klettersport, Dozentin an der VHS Ludwigsburg und Heilbronn Unterland sowie an der Akademie in Esslingen. Zertifizierte Natursport-Erlebnispädagogin, seit 2010 als pädagogische Assistentin und Vertretungslehrer an einer Grund-Werks-Realschule in Eppingen tätig. Privat selber aktive Kletterin, Mountainbikerin, Schwimmerin.
ingrid.martenka@t-online.de

Daniel Müller
Jahrgang 1971; Diplom Sozialarbeiter (FH), seit 2003 Jugendreferent in der Evangelischen Jugend Stuttgart (Schwerpunkt Distrikt Sillenbuch); Tätigkeitsschwerpunkte Konfirmanden, Freizeiten, Mitarbeitergewinnung, Mitarbeiterbildung und Gruppen-Teamentwicklung; Erlebnispädagoge, ERCA Ropes courses-Trainer; DSV Grundstufe Ski Alpin; Trainer Kinder/Jugendliche Allgemeinsport (Ü-Lizenz), SPOSA-Zertifikat (Sport und Soziale Arbeit).
EP-Tätigkeitsbereiche: Kooperationsaufgaben, Klettern (Indoor), Klettersteig, Höhle, Seilbrücken, Niedrigseilelemente, Slackline.
Daniel.Mueller@ejus-online.de

Rainer Oberländer
Jahrgang 1964, Diakon und Jugendreferent, von 1993–2001 im Bezirksjugendwerk Herrenberg, seit 2001 im Evangelischen Jugendwerk in Württemberg (ejw) zuständig für Mitarbeiterbildung und Impulsgebung in der Arbeit mit Jugendlichen, Jungen- und Erlebnispädagogik. Mitglied im Fachausschuss Erlebnispädagogik im ejw. Übungsleiter Breitensport und DSV-Skilehrer.
rainer.oberlaender@ejwue.de

Karin Roth
Jahrgang 1974, verheiratet, zwei Kinder, lange ehrenamtliche Mitarbeit im CVJM Karlsruhe, Religions- und Sozialpädagogin, Mitarbeit bei ZIP powered by spirit im Bereich „Erlebnispädagogik im christlichen Kontext“. Derzeit bei der AWO in der sozialpädagogischen Familienhilfe und bei der Frühprävention.
Kontakt über www.zipteam.de

Uwe Roth
Jahrgang 1968, verheiratet zwei Kinder, lange ehren- und hauptamtliche Mitarbeit im CVJM Karlsruhe dort Aufbau des erlebnispädagogischen Projektes „Outdoorpark“, Ausbildung zum Lehrer, 1999 Gründung der Outdoorfirma „ZIP powered by spirit“, dort u. a. Ausbildungsleitung. Weiterbildung zum „Natursport und Erlebnispädagogen im christlichen Kontext“ und Teamentwicklung, seit 2010 Geschäftsführer von Roth & Challier Erlebnisanlagen. Immer wieder spannende und herausfordernde Visionen zu entwickeln und bis zur Umsetzung dran zu bleiben ist starker Antrieb in seinem Leben.
Kontakt über www.zipteam.de

Albrecht Schlierer
Jahrgang 1970, Mikroelektronikstudium, Diakon (Karlshöhe), Religionspädagoge, seit 1998 als Religionslehrer in Nagold, 2001 Ausbildung zum Natursport- und Erlebnispädagogen im christlichen Kontext bei ZIP – Zentrum für interaktive Projekte (www.zipteam.de). Freier Mitarbeiter bei ZIP im Bereich Fort- und Weiterbildung, Einsatzleiter bei der Höhlenrettung Baden-Württemberg, Schulungstätigkeit im Bereich christliche Erlebnispädagogik für Vikare, ehrenamtliche Mitarbeiterinnen und Mitarbeiter, diverse Einsätze im Schulbereich.
schlierer@mu-se.de

Stephanie Sirucek
Jahrgang 1986, angehende Lehrerin für Grund-, Haupt- und Werkrealschulen, Erlebnispädagogin, Teamerin für das Netzwerk für Demokratie und Courage in Karlsruhe, ehrenamtliche Mitarbeiterin im CVJM Karlsruhe im Bereich Jugend und junge Erwachsene sowie Trainerin als Erlebnispädagogin im Outdoorpark des CVJM Karlsruhe.

Ulrich Schwaderer
Jahrgang 1983; Diplomphysiker und Erlebnispädagoge; seit 2003 Mitarbeiter im Outdoor Team des CVJM Tübingen, seit 2009 dort im Leitungsteam tätig. Langjährige Erfahrung in der evangelischen Jugendarbeit. Mehrwöchiges Auslandspraktikum im Outdoorcamp des YMCA Auckland (NZ). Mitarbeiter im Vertrauensparcours in Lutzenberg. Mitglied im Fachausschuss Erlebnispädagogik im ejw.

Jörg Wiedmayer
Jahrgang 1974, Studium an der Karlshöhe Ludwigsburg, Diakon und Diplom Sozialarbeiter (FH), Erlebnispädagoge, 2002 Ausbildung zum Ropes-Course-Trainer, seit 2001 Jugendreferent beim Evangelischen Jugendwerk Bezirk Ludwigsburg, Vorsitzender des Fachausschusses Erlebnispädagogik im ejw. EP-Tätigkeitsbereiche: EP im christlichen Kontext, Hoch- und Niederseilelemente, Kooperative Übungen, Höhle, Klettern.
joerg.wiedmayer@ejw-lb.de

Simon Wöhrbach
Jahrgang 1982, Diakon, Diplom Sozial- und Religionspädagoge (FH). Seit 2007 Jugendreferent im Evangelischen Jugendwerk Bezirk Herrenberg mit den Schwerpunkten Wintersport und Jugendliche/junge Erwachsene. Seit 2009 zertifizierter Erlebnispädagoge (DAV). Seit 2011 zweiter Vorsitzender des Fachausschusses Erlebnispädagogik im Evangelischen Jugendwerk in Württemberg.
simon.woehrbach@ejw-herrenberg.de

Outdoor Team des CVJM Tübingen
Das Outdoor Team des CVJM Tübingen besteht seit 1999 und wurde seither von wechselnden haupt- und ehrenamtlichen Mitarbeitern betreut. Auf dem Hintergrund persönlicher Glaubenserfahrungen vermittelt das Outdoor Team kirchlichen Jugendgruppen mit erlebnispädagogischen Aktionen grundlegende Erfahrungen und Werte. Dabei stehen vor allem Natursportarten wie Felsklettern, Höhlenbefahrung und Kanufahren im Vordergrund. www.cvjm-tuebingen.de/OutdoorTeam

- Arbeitskreis Erlebnispädagogik im Evangelischen Jugendwerk Württemberg:
  Sinn gesucht – Gott erfahren.
  Erlebnispädagogik im christlichen Kontext.
  buch+musik, Stuttgart, 2. Auflage, 2010

- Bach, Hajo/Bach, Tobias:
  Erlebnispädagogik im Wald.
  Arbeitsbuch für die Praxis.
  2. Auflage. München: Reinhardt, 2011

- Becker, Peter/Braun, Karl-Heinz/Schirp, Jochem (Hg.):
  Abenteuer, Erlebnisse und die Pädagogik.
  Kulturkritische und modernisierungstheoretische Blicke auf die Erlebnispädagogik.
  bsj-Jahrbuch 2006/2007.
  Leverkusen: Budrich, 2007

- Bertle, Ludwig/Kappl, Melanie:
  Erlebnis Winter.
  Bausteine für alternative Winterfreizeiten.
  Augsburg: Ziel, 2002

- Bieligk, Michael:
  Erlebnissport im Freien.
  Erfolgreiche Spiele und Übungen mit einfachem Gerät.
  Wiebelsheim: Limpert, 2011

- Birzele, Josef, Hoffmann, Oliver I.:
  Mit allen Wassern gewaschen.
  Praxisbuch für erlebnispädagogisches Handeln im und am Wasser.
  2. Auflage. Augsburg: Ziel, 2010

- Boßmann, Frank:
  Chancen und Grenzen der Erlebnispädagogik für die Arbeit des Religionspädagogen.
  München: GRIN, 2007

- Crowther, Christina:
  City Bound.
  Erlebnispädagogische Aktivitäten in der Stadt.
  München: Reinhardt, 2005

- Danks, Fiona:
  Wildnis erleben.
  Praktische Anleitungen für Outdoor-Aktivitäten mit Kindern und Jugendlichen.
  Aarau: AT Verlag/AZ Fachverlage, 2009

- Deubzer, Barbara/Feige, Karin (Hg.):
  Praxishandbuch City-Bound.
  Erlebnisorientiertes soziales Lernen in der Stadt.
  Augsburg: Ziel, 2004

- Dewald, Wilfried/Häussler, Christian:
  On-line. Spiele und Abenteuer mit dem Seil.
  2. Auflage. Augsburg: Ziel, 2006

- Dewald, Wilfried/Mayr, Wolfgang/Umbach, Klaus:
  Berge voller Abenteuer. Mit Kindern unterwegs.
  München: Reinhardt, 2005

- Einwanger, Jürgen (Hg.):
  Mut zum Risiko.
  Herausforderungen für die Arbeit mit Jugendlichen.
  München: Reinhardt, 2007

- Etterer, Susanne/Loss, Jan/Loss, Bram:
  Drum prüfe, wer ans Seil sich bindet.
  Das Ropes-Courses Manual.
  2. Auflage. Augsburg: Ziel, 2006

- Fischer, Torsten/Lehmann, Jens:
  Studienbuch Erlebnispädagogik.
  Einführung in die Theorie und Praxis der modernen Erlebnispädagogik.
  Stuttgart: UTB, 2009

- Fischer, Torsten/Ziegenspeck, Jörg W.:
  Erlebnispädagogik:
  Grundlagen des Erfahrungslernens.
  Erfahrungslernen in der Kontinuität der historischen Erziehungsbewegung.
  2. Auflage. Bad Heilsbrunn: Klinkhardt, 2008

- Fürst, Walter:
  Gruppe erleben. Soziales Lernen in der erlebnispädagogischen Gruppe.
  München: Reinhardt, 2009

- Gatt, Stefan/Libicky, Stephan/Stockert, Markus: Sicher lernen Outdoors. Standards bei Outdoor-Trainings – basierend auf Erkenntnissen aus Unfallanalysen. Augsburg: Ziel, 2006
- Gilsdorf, Rüdiger/Kistner, Günter: Kooperative Abenteuerspiele. Eine Praxishilfe für Schule und Jugendarbeit. 8. Auflage. Seelze: Kallmeyer/Klett, 2010
- Gilsdorf, Rüdiger/Kistner, Günter: Kooperative Abenteuerspiele 2. Praxishilfe für Schule, Jugendarbeit und Erwachsenenbildung. 8. Auflage. Seelze: Kallmeyer/Klett, 2010
- Grill, Barbara: Abenteuer Rosarot?! Erlebnispädagogik mit Mädchen. Augsburg: Ziel, 2010
- Grosser, Michael: Outdoor für Indoors. Mit harten Methoden zu weichen Zielen. 2. Auflage. Marburg: Ziel, 2003
- Hansen, Julia: Effektives Teamtraining. Zur Wirksamkeit erlebnisorientierter Outdoor-Programme. Tectum, 2010
- Heckmair, Bernd: 20 erlebnisorientierte Lernprojekte. Szenarien für Trainings, Seminare und Workshops. 3. Auflage. Weinheim: Beltz, 2008
- Heckmair, Bernd/Michl, Werner: Erleben und Lernen. Einführung in die Erlebnispädagogik. 6. Auflage. München: Reinhardt, 2008
- Kasterke, Michael: Bewegtes Leben – bewegtes Lernen. Erlebnisorientiertes Arbeiten mit jungen Menschen. Kassel: Born, 2008
- Kölsch, Hubert/Wagner, Franz J.: Erlebnispädagogik in der Natur. Ein Praxisbuch für Einsteiger. 2. Auflage. München: Reinhardt, 2004
- Landesstelle d. Katholischen Landjugend Bayerns: Aus dem Ärmel geschüttelt. Methoden und Spiele für die Gruppenarbeit II. 3. Auflage. München: Landesstelle d. Katholischen Landjugend Bayerns, 2011
- Lang, Sabine/Rehm, Gregor: Erleben Denken Lernen. Arbeitsbuch Erlebnispädagogik. Tübingen: Francke, 2010
- Lang, Thomas: Kinder brauchen Abenteuer. 3. Auflage. München: Reinhardt, 2006
- Lehner, Patrik: Abenteuer- und Erlebnisspiele. In Schule und Freizeit. Kriens: Rex Luzern, 2003
- Lehner, Patrik: Bewegungsspiele mit Pfiff! Für Kindergarten, Grundschule und Freizeit. Kriens: Rex Luzern, 2002
- Michl, Werner: Erlebnispädagogik. 2. Auflage. Stuttgart: UTB, 2011
- Muff, Albin/Engelhardt, Horst: Erlebnispädagogik und Spiritualität. 44 Anregungen für die Gruppenarbeit. München: Reinhardt, 2007
- Oster, Peter: Erste Hilfe Outdoor. Fit für Notfälle in freier Natur. 2. Auflage. Augsburg: Ziel, 2008
- Perschke, Hubert/ Flosdorf, Peter: Sicherheitsstandards in der Erlebnispädagogik. Praxishandbuch für Einrichtungen und Dienste in der Erziehungshilfe. Weinheim: Juventa, 2003

- Pit Rohwedder:
Outdoor Leadership –
Führungsfähigkeiten, Risiko-, Notfall und
Krisenmanagement für Outdoorprogramme.
Ziel, Augsburg, 2008

- Reiners, Annette:
Praktische Erlebnispädagogik –
Bewährte Sammlung motivierender Interaktionsspiele.
Band 1. 8. Auflage. Augsburg: Ziel, 2007

- Reiners, Annette:
Praktische Erlebnispädagogik 2.
Neue Sammlung handlungsorientierter Übungen
für Seminar und Training.
Augsburg: Ziel, 2005

- Royer, Hans Peter:
Nur wer loslässt wird gehalten –
christuszentrierte Erlebnispädagogik;
Hänssler, Holzgerlingen, 2003

- Schulz, Stefan/Hesebeck, Birthe/Lilitakis, Georg:
Praxishandbuch für soziales Lernen in Gruppen.
Erlebnisorientiertes Arbeiten mit Kindern,
Jugendlichen und Erwachsenen.
2. Auflage. Münster: Ökotopia, 2010

- Senninger, Tom:
Abenteuer Leiten – in Abenteuern lernen.
Methodenset zur Planung und Leitung kooperativer
Lerngemeinschaften für Training und Teamentwicklung
in Schule, Jugendarbeit und Betrieb.
Münster: Ökotopia, 2010

- Sonntag, Christoph:
Abenteuer Spiel 1.
Handbuch zur Anleitung kooperativer Abenteuerspiele.
3. Auflage. Augsburg: Ziel, 2011

- Sonntag, Christoph:
Abenteuer Spiel 2.
Eine Sammlung kooperativer Abenteuerspiele.
Augsburg: Ziel, 2010

- Strasser, Philipp:
Spannung zwischen Bäumen –
Handbuch für temporäre Seilelemente.
Ziel, Augsburg, 2. Auflage, 2010

Info | Fachausschuss Erlebnispädagogik im ejw

Der Fachausschuss Erlebnispädagogik im Evangelischen Jugendwerk in Württemberg (ejw) ist aus dem Anliegen heraus entstanden, junge Menschen in ihrer Persönlichkeitsentwicklung zu unterstützen.

Auf der Grundlage der christlichen Botschaft wollen wir die Chancen und Methoden der Erlebnispädagogik für den praktischen Alltag in der Arbeit mit jungen Menschen erschließen. Die metaphorische Deutung von Erfahrungen sehen wir dabei als eine hervorragende Möglichkeit der ganzheitlichen Verkündigung, bei der Menschen mit all ihren Sinnen angesprochen werden. Wir sind bestrebt das Thema fachlich zu qualifizieren und an die Basis zu bringen.

Auf diesem Wege unterstützen wir Mitarbeiterinnen und Mitarbeiter, wir erarbeiten Konzepte, führen Multiplikatorentrainings durch und bieten Beratung und Hilfestellung an. Auf einer Plattform wollen wir erlebnispädagogische Inhalte und Angebote im christlichen Kontext im gesamten deutschsprachigen Raum vernetzen und sind an einem regen fachlichen Austausch interessiert.

Weiterführende Informationen finden sich unter:
www.ejwue.de/ep

Nicole Hauser, Katja Heimann,
Gottfried Heinzmann (Hg.)

Lautstark

53 Songandachten für Jugendliche

130 Seiten, kartoniert
9,95 €

Marie hört Hip-Hop. Hannes steht auf heftigen Rock. Tobi mag Popmusik. Und Pia liebt romantische Singer/Songwriter.
Musik drückt Lebensgefühl aus. Musik bewegt, begeistert, berührt. Musik definiert die Lebenswelt von Jugendlichen. Und Musik steckt auch voller Inhalt – genau da setzt „Lautstark" an. In „Lautstark" sind die Autoren einzelnen Liedern auf den Grund gegangen.
Herausgekommen sind 53 Andachten, die vorgelesen oder als Vorlage für eigene Andachten verwendet werden können. Eine Einteilung in die verschiedenen Musikstile hilft dabei, Marie, Hannes, Pia und Tobi die passende Andacht zu liefern.

Thomas Kretzschmar

Nachtaktiv

Acht mal acht Geschichten,
Spiele und Aktionen
für Kinder ab Acht

142 Seiten, kartoniert
11,90 €

Die Sonne ist untergegangen, der Mond macht sich auf den Weg. Bausteine für die Gestaltung von Abendprogrammen in der Dunkelheit für Kinder ab 8 Jahren: Aktionen wie Nachtgeländespiele, Spiele im Dunkeln, Geschichten und Andachten, Bibel-Krimis, Gute-Nacht-Geschichten und eine spannende Fortsetzungsgeschichte. Die Nacht als besondere Zeit braucht eine besondere Gestaltung!

buch+musik, ejw-service gmbh
Haeberlinstraße 1-3
70563 Stuttgart
Tel.: (0711) 9781-410
Fax: (0711) 9781-413
www.ejw-buch.de
buchhandlung@ejw-buch.de

www.ejw-buch.de

Jürgen Kehrberger,
Sybille Kalmbach (Hg.)

Das TRAINEE-Programm

Kompetenzen trainieren,
Jugendliche gewinnen,
Engagement fördern

416 Seiten, kartoniert, mit CD-ROM
19,95 €

Ein praxisorientiertes Kursprogramm für Jugendliche ab 15 Jahren. Es vermittelt soziale Kompetenz und entwickelt Persönlichkeit und Gaben. Gut geeignet zur Ausbildung und Schulung von Nachwuchsmitarbeitenden in der Jugendarbeit, auch im Anschluss an die Konfirmation. Praktisches Kursmaterial mit ausgearbeiteten Einheiten und umfangreichem Material im Buch sowie auf CD-ROM.

Jürgen Kehrberger, Martin Burger,
Gerhard Hess (Hg.)

Ehrenamtliche bilden

Grundlagen, Konzepte,
Methoden

272 Seiten, kartoniert, mit CD-ROM
17,95 €

Glauben bewusst und aktiv leben – das ist das Ziel evangelischer Jugendarbeit. Motivieren und befähigen, Verantwortung für sich und andere zu übernehmen. Starterkurse, Grund- und Aufbaukurse qualifizieren Ehrenamtliche für Ihre Aufgaben.
„Ehrenamtliche bilden" beschreibt Grundlagen und enthält viele praktische Gestaltungsvorschläge. Die Inhalte sind von Praktikern so erarbeitet, dass sie flexibel umgesetzt werden können. Eine echte Praxishilfe mit viel praktischem Material auch auf der CD-Rom.

buch+musik, ejw-service gmbh
Haeberlinstraße 1-3
70563 Stuttgart
Tel.: (0711) 9781-410
Fax: (0711) 9781-413
www.ejw-buch.de
buchhandlung@ejw-buch.de

www.ejw-buch.de